YENİ EKONOMİN YARARLARI

"Küresel Ekonomik Krizlerin Ortak Sorumluluk Yolu ile Çözümlenmesi"

Dr. Michael Laitman
PhD

ISBN: 978-1-77228-095-1

© Laitman Kabbalah Publishers

YAZAR: Michael LAITMAN

www.kabala.info.tr

KAPAK: Laitman Kabbalah Publishers

BASIM TARİHİ: 2023

İçindekiler

Küresel – Bütünsel Dünya	4
Önsöz	5
İnsan İlişkilerinin Bir Yansıması Olarak Ekonomi	9
Küresel-Bütünsel Bir Dünya Yeni Bir Ekonomi Gerektirir	22
Pratik Bir Çözüm Olarak Ortak Sorumluluk	35
Bir Fırsat Olarak Krizler	49
Ekonomik Araştırmalar Zenginlik Eşittir Mutluluk Formülüne Başkaldırıyor	60
Yeni Ekonominin Yararları	88
İşsizlik İçin Acil Plan	102
Ekonominin Psikolojisi	118
Yeni Ekonomide Zengin İşadamları	131
Sermaye Fazlası ve Halkın Refah ve Mutluluğunu İyileştirmek	146
Yeni Dünyada Ekonomistler ve Uzmanlar	161
Ekonomi Mesaj Kutusu	171

Yeni Ekonomin Yararları

Dr. Michael Laitman

KÜRESEL-BÜTÜNSEL DÜNYA

Küreselleşme: 'Küreselleşme' kültür, insanlar ve ekonomik etkinlikleri kapsayan alanlarda giderek artan uluslararası ilişkilere işaret eder. Daha çok da ekonomiye işaret eder. Mal ve hizmet üretiminin tüm dünyaya dağılması, gümrük vergisi tarifeleri, ihracat bedelleri ve ithalat kotaları gibi uluslararası ticaret engellerinin azaltılması yoluyla mümkün oldu. Küreselleşme, gelişmiş ve gelişmekte olan ülkelerde artan uzmanlaşma ve karşılaştırmalı rekabet (bir kişi veya ülkenin belli bir mal veya hizmeti daha düşük maliyette üretmesi) ilkesine göre ekonomik büyümeye eşlik etti ve katkıda bulundu. Bu terim aynı zamanda fikirlerin, yabancı dillerin ve popüler kültürün uluslararası dolaşımını da ifade eder.

Bütünsel (İntegral): Bütün, tam, tüm. Aynı zamanda bir bütünü oluşturan parçalardan oluşmuş.

Dr. Michael Laitman

Yeni Ekonomin Yararları

Önsöz

İki konu 2011 yılının tarihin bir dönüm noktası olduğuna işaret ediyor. Birincisi, dünya çapındaki toplumsal huzursuzluk ve ikincisi, küresel ekonomik krizler.

Toplumsal karışıklıklar "Arap Baharı" Mısır ve Libya'da rejimlerin çöküşü ve Suriye'de kargaşa ve kan dökümüne yol açan isyanlarla başladı. Toplumsal karışıklıklar hızla, İspanya'da çadır şehirlerin belirmesi, Yunanistan ve İngiltere'de ayaklanmalar ve pek çok ülkedeki çeşitli toplumsal protestolar şeklinde Avrupa'ya yayıldı. Son olarak, New York şehrinde başlayan ve yangın ateşi gibi yayılan 'işgal hareketi' ile bu protestolar ABD'ye ulaştı ve ülkenin her yerine dağıldı.

Bu küresel huzursuzluğun ortak bir kökü vardı sosyal adaletin ihlal edildiği duygusu. Nihayet insanlar ayağa kalktılar ve seslerinin bundan böyle kısılamayacağı konusunda azimli olduklarını haykırdılar. Arap Baharı örneğinde olduğu gibi, 'ekonomik yeterlilik ve demokrasi herkesin hakkıdır,' talebinde bulundular. Avrupa ve ABD'de başka bir talep daha ortaya kondu – en zengin %1 ile geri kalan %99 arasındaki uçurumun daraltılması, kapitalist sistemin kitleler arasında bu tür büyük uçurumlar açması durumunun değiştirilmesi veya en azından bu durumun düzeltilmesi talep edildi.

İkinci önemli konu küresel ekonomik krizlerdi. Karar mercilerinin kullandığı, faiz oranlarının düşürülmesi, pazara büyük miktarda para akıtılması veya yardım fonlarının oluşturulması gibi araçlar tamamen yetersiz kaldı, küresel ekonomi baş aşağı düşmeye devam etti. Dünya artık bilinen klasik ekonomi modellerinin dışına çıkıldığı için iktisatçıların tahminleri doğrultusunda

Yeni Ekonomin Yararları

Dr. Michael Laitman

hareket etmiyor. Maalesef iktisatçılar kendi modellerini buna göre değiştirmediler. Yeni dünya Küresel-Bütünsel bir dünyadır, oradaki her olay; doğal afetler veya küresel krizler tüm dünyayı etkiler. Hem Avrupa'daki borçlanma krizleri hem de Japonya'daki zelzelede açıkça görüldüğü gibi Küresel sistemin tüm elemanları arasındaki ortak bağımlılık hesaba katılması gereken bir olgudur.

Toplumsal huzursuzluk ve küresel ekonomik krizler yakından birbiri ile bağlıdır. Aynı gruplar hem ekonomik sisteme hem de sosyal adaletsizliğe karşı protesto gösterileri yaptığı için ekonomi ve toplumun birbirine çok yakından bağlı olduğu açıkça ortadadır. Gerçekte, ekonomimiz toplumumuzun doğasını, birbirimize davranış biçimimizi yansıtır.

Küresel ticaretin genişlemesi ve teknolojik gelişme aramızdaki bağları ülke sınırları, kültür, din ve ırk farkının ötesine geçerek daha da sağlamlaştırdı. Dünya şimdi, herkesin diğerlerine internette bedava kullanılan bir telefon araması ile ulaşabildiği küçük bir köye döndü.

Yıllardır kullanılmakta olan ekonomik model artık eski ve geçersiz hale geldi. Daha da kötüsü, serbest rekabet ve kişisel kazancı maksimuma çıkarma önermeleri ve bu özelliklerin sistemi sağlıklı ve işler tutacağına dayalı inancın yanlış olduğu ortaya çıktı. Tüketimi bir kültür haline getirdik ve bunu "tüketim toplumu" diye adlandırdık, bireyciliği ve bireysel hakları kutsadık ve ona taptık, o kadar büyük ölçüde bir eşitsizlik yarattık ki, dünya nüfusunun %1'i dünyanın zenginliğinin %40'ına sahip! Dünyadaki geri kalanlar gittikçe artan parasal korku veya daha kötü durumda acı çekiyor. En gelişmiş ülkelerde bile milyonlarca insan gece yatağa aç karnına gidiyor, on milyonlarca insanın

sağlık sigortası yok ve milyonlarcası yalnız yoksul değil ama ümitsiz de.

Dünya hepimize bol miktarda bunları sağlayabildiği halde birbirimize olan yabancılaşmamız, yiyecek ve diğer gereksinimleri muhtaç olanlara dağıtmaktan bizi alıkoyar. Küresel krizler ve küresel protestolar insanların artık bu adaletsizliğe katlanmak istemediğinin bir kanıtıdır, değişimin zamanı gelmiştir.

Değişmesi gereken ilk şey insan ilişkileri olmalıdır; nihayetinde sorunun kökü de budur. Bu unsur değiştiği zaman, hayatın geri kalan düzeni de buna göre değişecektir. Herkesin ortak bağımlı olduğu Küresel-Bütünsel bir dünyada, insan ilişkilerinin ruhunda hüküm süren şey ortak sorumluluk olmalıdır; her kişinin diğer herkesin refah ve mutluluğundan sorumlu durumda olması.

Eğer küreselleşme yoluyla kurduğumuz bağlantılar ağının anlamı üzerinde kafa yorarsak, ben-merkezli yaklaşım ile aramızdaki bağın ortak bağımlılık olan doğası arasındaki uyuşmazlığın krizlere neden olduğunu görürüz. Küreselleşme hayatın geri döndürülemez bir olgusu olduğuna göre, bize kalan bu gerçeklik içinde ilişkilerimizi düzenlememizdir. Böylece eğer, ortak bağımlılık ile uyumlu olan ortak sorumluluğu bu durumun temel işleme biçimi olarak kabul edersek, hem küresel krizleri hem de sosyal huzursuzlukları çözümleriz.

Bu kitap, 2011 yılı içinde, çeşitli iktisatçı, finansçı ve bazı başka öğretilerden gelen kişilerce birbirinden bağımsız olarak yazılmış olan on-üç denemeyi içerir. Her bir deneme farklı bir konuyu ele alır ve ayrı bir ünite olarak okunabilir, ancak bir temel tema onları birbirine bağlar;

Yeni Ekonomin Yararları

Dr. Michael Laitman

Küresel-Bütünsel bir dünyada ortak sorumluluğun yokluğu sorunlarımızın nedenidir.

Denemeleri istediğiniz sırada okuyabilirsiniz. Yazarlar olarak biz, eğer bu denemelerin en azından bir kaç tanesini okursanız, ileriki sayfalarda öne sürülen çözümün; küresel krizleri çözümlemek ve sürdürülebilir, refah içinde bir ekonomi yaratmak için gereken dönüşümlerin daha kapsamlı bir resmini şekillendirebileceğinize inanıyoruz.

Bu değişimin mümkün olduğu kadar çabuk ve kolay sağlanmasında çevrenin etkisi ana etkendir. Bağımsızlıktan ortak bağımlılık modeline başarılı bir dönüşümde a) değişmenin zorunluluğu, b) gerekli değişimin doğasının iyice öğretilmesi ve yayılması kilit rol oynar. Kitle iletişim araçları ve eğitim sistemi hem insanları gerekli değişim hakkında bilgilendirmek hem de bunun yayılmasını desteklemek için gerekli ortamı yaratmada öncü rolü oynayabilirler ve oynamalıdırlar da.

Çözüm zorla kabul ettirilmemelidir. Bu sadece acı dolu bir başarısızlığa yol açar. Ortak sorumluluğa erişebilmek için, sosyal değerlerimizi yeniden inşa etmek üzere hepimiz karşılıklı olarak yer almalıyız. Bu sosyo-ekonomik anlaşmalar çerçevesi içinde yapılmalı, bu süreç boyunca geniş bir danışma ve ortak fikir sağlanarak yavaş yavaş gelişmelidir. Eğer bu yolda çalışırsak inanıyoruz ki küresel krizler tüm insanlık için çok değerli birer fırsat olarak kendini gösterecektir. Tüm insanlar arasında ortak sorumluluk bağında temel bulan dayanıklı bir ekonomi ve parasal güvenlik sağlayacaktır. Değişim, şüphesiz bizden yani insandan başlamalı.

Dr. Michael Laitman

Yeni Ekonomin Yararları

İnsan İlişkilerinin Bir Yansıması Olarak Ekonomi

Gerçek ve sürekli bir ekonomik gelişme insan ilişkilerinin değişimine bağlıdır.

Kilit Noktalar

- Ekonomi toplumsal ilişkilerimizin bir yansımasıdır. Bu nedenle, ekonomideki krizler öncelikle birbirimizle olan ilişkilerimizdeki krizlerdir.

- İnsanın işlevi bencildir; kendisi için maksimum kâr etmeyi amaçlar. Kıtlık gerçekliği içinde, bu işlev doğal olarak insanlar arasında rekabet ve kazananın olmadığı sıfır toplamlı bir oyunda, birisinin kazanması için diğerinin kaybetmesinin zorunlu olduğu bir çekişme yaratır.

- İnsanlığın evrimleştiği bu Küresel-Bütünsel dünyada aramızda karşılıklı bağımlılık vardır. Bu nedenle aramızdaki bencil bağlantı artık işlev görmüyor. Bencilliğimiz ile birbirimize-bağlı oluşumuz arasındaki bu uçurum krizlerin nedenidir.

- Küresel-Bütünsel Dünya'nın kanunları bizi ortak sorumlulukta bağlanmaya ve tek bir organizmanın hücreleriymişiz gibi, tüm dünya halkının yararına davranmaya mecbur eder.

- Küresel-Bütünsel Dünya'nın kanunlarının bize dikte ettiği yeni ekonomik modelin temeli, ortak sorumluluk ve sosyal dayanışma olduğu zaman rahata, kişisel ve sosyal refaha sahip bir hayata ve ahenkli ve sürdürülebilir bir sisteme kavuşmayı başaracağız.

- Ortak sorumlulukta birleşmemiz için bilgi ve eğitimin sağlanması ve destekleyici bir ortamın yaratılması gerekmektedir.

Yeni Ekonomin Yararları

Dr. Michael Laitman

Küresel Ekonomik Krizler Ekonomik Modele Meydan Okuyor

Klasik ekonomiye göre insanlar tamamen bencil nedenlerle kazançlarını çoğaltmak isterler. 17 yy. İngiliz filozofu Thomas Hobbes, bunu şöyle ifade etmiştir: "Her insanın doğal olarak kendisi için en iyi olanı aradığı varsayılır ve bu da yalnızca barış uğruna ve rastlantı sonucudur..."[1] Hâlâ hüküm süren bu görüş, bu sosyal davranışın sırf olup bitenin bir sonucu olduğunu, atalarımızın yapmış olduğu toplumsal anlaşmaların bir diğerinin dostluğuna olan çekimden dolayı değil ama sadece kâr sağlama amaçlı olduğunu savunur.

Son on yıl içinde, "davranışsal ekonomi" diye bilinen yeni bir düşünce akımı ortaya çıktı. Bu yeni akım pazarın kuramsal güçleri yerine mevcut insan davranışı üzerinde yoğunlaşır ve bu davranışı parasal kararları veriş tarzımızı anlamanın bir aracı olarak kabul eder. Davranışçı ekonomi doğayı ve insan ilişkilerinin gücünü, bunların iş birliğini ve bu kapsamdaki eğilimleri ve beşeri ekonominin bağlı olduğu ortak değerlerin temel prensiplerini açıklar.

Günümüzün küresel krizleri ve onları çözmek için yaptığımız başarısız girişimler insanlığın bu meydan okumasının cevabının bu yeni araştırma alanlarında yattığı anlamına gelebilir. Gerçekten de bugüne kadar yapılan her girişim başarısız oldu. Faiz oranlarının düşürülmesi, iflastan kurtarma, büyüme programları ve artan devlet bütçe

---

1 Thomas Hobbes, *Rudiments*, 1651, iii

bulunur ve bunlar parasal hareketlerin (öncelikle faiz oranlarının düşürülmesi) ve mali düzenlemelerin (devlet bütçesinin genişletilmesi, vergi indirimleri ve benzeri) bir toplamına dayanır.

Devlet müdahalesi ve merkez bankası yardımı, pazarı tekrar dengeye getirmek için itelemek demektir. Bunu sağlamada art arda gelen başarısızlıklar mevcut ekonomik modeli değiştirme zamanının geldiğini akla getirir. Her yeni model bir kademe daha yukarı çıkmalı ve sorunun ve çözümünün parasal düzeyde değil ama insan ilişkileri seviyesinde olduğunu göstermelidir.

Davranışçı Ekonomi Krizler İçin Yeni Bir Yön ve Yeni Bir Çözüm İçerir

Eğer insan ilişkilerinin doğasının ekonomi üzerindeki kritik etkisini anlarsak, bunun rolünü etkin biçimde sürdürebilmesi ve istikrarını koruyabilmesi için ne tür bir ekonomik sistem kurmamız gerektiğini de anlamış olacağız. Ekonomik ve mali sistemler kendilerini Küresel-Bütünsel dünyaya uyarladıklarında, ekonomik bağlar ülke sınırlarını ve firmaları aştığında ve insanlar birbirlerine bağlı olduklarında ve birbirlerini etkilediklerinde, bütün bunlar sosyo-ekonomik sistemi istikrarlı bir hale getirecektir. Ancak o zaman sistem şoklardan ve bize pahalıya patlayan ağır krizlerden korunmuş olacaktır. Bu krizlerin önceki çözümleri yetersizdir, bu nedenle 2012 yılı itibarı ile dünya çok zor bir ekonomik durumla karşı karşıyadır, olanlar gerçekte 2007 yılı yazında başlayan krizlerin bir devamıdır.

Ama değişmesi gereken yalnızca ekonomi değildir. Çünkü ekonomik ve mali sistemler insan ilişkilerinin bir yansımasıdır, tüm uluslararası topluluklar insan ilişkilerinin yeniden düzenlenmesi için çözümler sunmak zorunda. Diğer bir deyişle, tavrımız birleşme, birlik olma, toplumsal bağlılık, başkalarına ilgi ve sevgi göstermek ve ortak sorumluluk yönünde değiştiği zaman bugünkü ekonomik modele çözüm bulacağız.

Ekonominin Evrimi

İnsanlar toplumu hesaba katmadan var olamazlar. Sosyal bir varlık olarak, yardımlaşarak ve kamu yararına katkıda bulunarak, insanlar arasında yaşamak zorundayız. İnsanlığın mağara adamından, feodal döneme ve sonra kapitalizme evrimleşmesi karşılıklı bağlantımızın ve bağımlılığımızın evrimini yansıtır. Bu değişikliklerle uyumlu olarak, zamanın özelliklerini yansıtmak üzere ticaret, mal ve hizmet alışverişi biçimlerimiz de evrimleşti.

Tarih öncesi zamanlarda insanlar kabileler halinde yaşarlardı. Sonra köyler, daha sonra şehirler ve daha da sonra devletler kuruldu. On binlerce yıl boyunca insanlar kendilerinin, ailelerinin ve yakınlarının ihtiyaçlarını karşılamak için çalıştılar. Ancak uluslararası ticaret gelişince, daha gelişmiş uluslar az gelişmiş olanları fethetmeye başladılar ve yeni topraklar keşfettiler. Endüstri devrimi kentleşmeyi teşvik etti ve insanlar arasındaki ilişkileri sıkılaştırdı.

Ticaret ve Alışveriş

Bugünün ekonomisi ticaret ve alışveriş yoluyla gelişti. Bu ekonomi insanın bencilliği ile güdülür, başkaları pahasına bile olsa kâr için mücadele edilir. Birisi çiftçi diğeri üretici olabilir, bağlantı kurarak her ikisi de kazanç sağlarlar.

Dr. Michael Laitman

Yeni Ekonomin Yararları

Bu nedenle aramızdaki tüm ilişkileri bencil doğamızla aynı benzerlikte kurduk. Eskiden, ürünler para kullanılmadan değiş tokuş edilirdi. Sonra değerli metallerden yapılmış sikkeleri, sonra da finansal değerini onu basanın belirlediği kâğıt paraları kullanmayı öğrendik.

Bugün ise gerçekte para transferlerinin çoğunluğu sanaldır. Transferler bir hesaptan bir diğerine bilgisayar ağlarından yapılır. Bilgi Teknolojisindeki Devrim insan ilişkilerini dramatik bir biçimde değiştirdi, ilişkilerin sanallaşması finans ve para piyasasında da ifadesini buldu.

Bundan çıkan, ekonominin bireysel egolar arasında bir tür taviz verme ve diğerleri ile bağ kurmak için sürdürülebilir bir ilişkinin zorunluluğu, bir çeşit rıza gösterme olduğudur. Açıktır ki, küresel ekonominin klasik ekonomik modelde dikkate alınmayan ahlaki değerler ile olduğu gibi, güç oyunlarında ve politikada da yapması gereken daha çok işi vardır.

Ekonomi birbirine tezat olan elemanlarla uğraşır ve doğadaki fizik kanunlarına bağlı değildir, tersine bizim kendi buluşumuzdur, türümüzün hayatta kalması için kullandığımız araçların ve belli ilişkilere nasıl yaklaştığımızın bir ifadesidir. Bu çok büyük bir önem taşır, çünkü günü geçmiş bir modeli kullanmaya kendimizi zorlamak yerine bir yenisini oluşturabilir, her şeyin birbirine içten içe bağlı olduğu bugünün dünyasında, birbirine bağımlı ve karşılıklı ekonomik ilişkilerde ve giderek sıkılaşan toplumsal bağlarda var olan insan etkileşimindeki değişikliği ifade eden bir modeli tanımlayabiliriz.

Yeni Ekonomin Yararları

Dr. Michael Laitman

Ekonomik Krizler Hakkındaki Tüm Gerçek

Krizler bizim dünyaya ve topluma olan yaklaşımız içinde açıklamasını bulur. Krizler bizim kendi içselimizde ve karşılıklı ilişkilerimizdedir. Doğa, uyum ve denge içinde çalışır, kendimizi ve başkaları ile olan ilişkilerimizi değiştirmek artık bize kalmıştır. Sonuçta, sosyo-ekonomik sistem de dahil kurmuş olduğumuz sistemlerin hepsi, doğada olduğu gibi, denge ve uyuma getirilmelidir.

Ürün, hizmet, hisse senedi ve kredi bedellerinin şişirilmesi ekonomik krizlerin özellikleri arasındadır. Sonuç olarak, ekonomideki bir güvenlik krizine tanıklık ediyoruz. Günün sonunda, bu modeli kuran ve geliştiren insanlar tarafından yıllardan beri yapılmakta olan dünyanın bu yanlış resmi paramparça oldu. İnsanlar kimsenin itimat etmesinin mümkün olmadığı temeli yalan, kendi çıkarı için kullanma ve spekülasyonlar olan bu ekonomiyi anlamaya başladılar. Hiç şüphesiz, bu genel güvensizlik ortamında bugünün ekonomik sistemi sürdürülemez.

Nitekim günümüz ekonomisi çarpık bağlantılar, hileler ve yanlış değerler dünyasının şipşak bir resmidir. Mantık dışı tüketici davranışlarıyla tüketicilerin yanlış olarak kendilerini satın aldıkları şeylerin tanımladığına inandıkları ("Satın alıyorum, öyleyse varım.") savruk, vicdansız ve kontrolsüz bir yarışma yaratıldı. Bugün toplumsal değerler, kişilerin akla yatkın ilgileri ile değil ama markalar, şöhretli kişiler ve statü sembolleri tarafından belirleniyor. Bu koşullar altında, ekonominin çöküşü yalnızca zamana bağlıydı...

Dr. Michael Laitman

Yeni Ekonomin Yararları

Küreselleşmiş-Dünya ile Çağ dışı Ekonomi Arasındaki Uçurum

Krizlerin kökeninin daha bütünsel bir açıklaması dünyanın küresel ve bağlantılı bir hale gelmesiyle olabilir. Ekonomik ve toplumsal olanlar da dahil her sistem birbirine bağlıdır, birbirini etkiler ve birbirinden etkilenir. Örneğin para piyasaları tek ve küresel bir sistemdir. Bundan dolayı, ABD'de olan her şey Avrupa'yı ve dünyanın geri kalanını da etkiler, bunun tersi de geçerlidir. Menkul Kıymetler Borsası uzun zamandan beri ümitlerin, hayal kırıklıklarının, krizlerin ve ekonomik büyümenin ifadesi olan küresel bir barometre haline geldi.

Aynı zamanda para piyasaları diğer sistemleri de etkiler, özellikle de iş dünyasını, ekonomilerin performansını ve bizim kişisel refahımızı. Dünya, kendi seçimimiz olmayan ama göz ardı edemeyeceğimiz bir bağlantı ile birbirine içten bağımlı sitemlerin karmaşık küresel bir sistemi haline geldi.

Bununla birlikte aynı zamanda, insan ilişkileri hâlâ bireyci değer yargılarına dayanıyor. İlişkilerimiz doğuştan kendi-merkezli ve rekabetçidir ve son birkaç yüzyıl boyunca da çok az değişmiştir. Doğal olarak, ekonomik sistemimiz bu tür ilişkileri yansıttığı için bu değerleri de yansıtır.

Küresel-Bütünsel Dünya'nın kanunları ile insan ilişkilerinin bencil doğası ve bundan kaynaklanan ekonomi arasındaki büyük uçurumla yüz yüzeyiz. Bu uçurumu aşana kadar, bu uçurumu bir kriz olarak yaşamaya devam edeceğiz.

Yeni dünyanın kanunları bizi bağ kurmaya ve karşılıklı olarak düşünme tabanında iş birliğine, sinerji yaratmaya, kaynakların ve bilginin paylaşılmasına, dengeli tüketime ve aynı zamanda ekonomi, parasal konular ve devlet bütçelerine ait mekanizmalarda birliğe gelerek ekonomik ve sosyal sistemlerin

Yeni Ekonomin Yararları

değişmesine zorluyor. Bu sistemlerin her ikisi de insanlar arasındaki karşılıklı garantiyi ifade ettiği halde, bugünün ekonomisi en yüksek kazancı edinme, kişisel kazanım ve rekabet temeline dayanmaya devam etmekte ve bu da insanlar arasında var olan çelişkiyi arttırmaktadır.

Paranın hayatımızdaki önemi nedeniyle ekonomik krizler daha çok dikkat çekiyor, ülkeler ve menkul değerler borsaları arasındaki ekonomik bağımlılık herkes tarafından açıkça anlaşılıyor ve kabul ediliyor. Ancak diğer sistemlerde de benzer bağımlılıklar vardır, çevrenin korunması, eğitim ve bilim gibi. Gerçekte her sistem şu anda krizde olan insan ilişkilerinden etkilenmektedir.

Bir Fırsat Olarak Krizler

Genelde, yeni ekonomik sistemin yükselişi insanlık için bir sürpriz oldu. Geçmişte, gereksinimlerimizi karşılayan ve karşılıklı olarak ilişki kurduğumuz toplumsal ve sosyal sistemler kurduk. Şimdi, birdenbire, bu sistemler hayatımızı idare etmemiz, barış ve refah içinde yaşayabilmemiz için yetersiz kaldı. Oysa Küresel-Bütünsel sistemin kendi kanunları var gibi gözüküyor.

Karşılıklı bağımlılık ve hayatın tüm sistemleri arasındaki ilişkilerin sıkılaşması, bize aramızdaki bağlantıları buna göre değiştirmekten başka bir çözüm bırakmıyor. İnsanlar, firmalar ve ülkeler arasındaki karşılıklı bağımlılık bir tarafın kazancının diğer tarafın kaybına dayanan bir oyun olduğu, saldırgan rekabet, en yüksek kişisel kazanç ve hileye dayanan bir ekonomik sistem içinde var olamaz.

Küresel sistemin çeşitli unsurları arasındaki karşılıklı bağımlılık, ülke içi ve ülkeler arasında var olmaya devam

eden toplumsal ve ekonomik uçurumlara şiddetli bir tezat teşkil eder. Bu küresel, ego temelli sistem kullanılmaya devam edilmesine imkân kalmaksızın tamamen etkisiz hale gelmiştir. Aslında, daha önce kurmuş olduğumuz ilişkiler bizi krizlere götürmüştür. Bir anlamda, krizler bize ilişkilerimizin doğasını inceleme ve değiştirme fırsatı sunar, böylece de ilişkilerimiz, küresel dünya ve parçaları arasında gerekli olan karşılıklı bağımlılığa uygun hale gelir. Böyle bir uyum ve denge kaçınılmaz olarak başka bir ekonomi- daha iyimser, dengeli ve kararlı bir ekonomi yaratacaktır.

Ekonomi ve İnsan İlişkileri

Nihayette, aramızdaki ilişkiler ağı her şeyi belirler. Bu ağ tüm dünyaya yayılmıştır ve pek çok unsur içerir- ülkeler, ordular, fonlar, hammaddeler, dini mezhepler, toplumsal bağlar, geleceğe bağlanan ümitler, vb. Bunların hepsi aramızdaki ağın parçalarıdır, bu nedenle bu kavramı anlamamız bu kadar zordur. Şimdilik, onu en iyi anlayabilenler ondan en çok fayda sağlayanlardır.

Birçok kişi mali sistemi incelemenin ve düzeltmenin gerektiği üzerinde tartışıyor. Ancak tüm gerçekliğin değişmiş olduğunu anlamamız gerek. Küreselleşmiş ve bütünselleşmiş sistem hâlihazırda mevcut sosyo-ekonomik sistem ile yaşama çabalarımızı engeller hale geldi. Mevcut sistemde kurmuş olduğumuz her şey kendi bencil doğamızdan ileri gelmektedir. Ancak bugünün gerçeği sömürmek yerine karşılıklı olarak birbirimize vermemizi zorunlu kılar. Aramızdaki bağlantı şimdi daha sıkıdır ve bizi aramızdaki ilişkiyi birlikteliğe, karşılıklı sorumluluğa (her birimizin diğer herkesin refah ve mutluluğundan sorumlu olduğu) doğru arttırmaya zorlar.

Yeni Ekonomin Yararları

Dr. Michael Laitman

Çünkü Küresel-Bütünsel ağa nasıl yaklaşmamız gerektiğini bilmiyoruz, başkaları ile doğru iletişim kurma yetisini kaybediyoruz. Dünya çapında güvence krizleri yaşamamızın nedeni budur. Bankalar üreticilere güvenmiyor, vatandaşlar devlete güvenmiyor ve devletler de birbirine güvenmiyor.

Eskiden, iletişim açıkça belliydi ve alışverişe, bireysel olarak kâr ve zararın göz önünde bulundurulmasına ve istemesek bile iş birliği yapmanın zorunluluğuna dayanırdı. Ego temel rolü oynardı ve herkes de bunun böyle olduğunu bilirdi.

Ancak Küresel-Bütünsel sistemin bağlantıları içinde aramızdaki karşılıklı bağımlılığı yansıtacak bir ekonomiye ihtiyacımız var, ama henüz kendi "işletim sisteminizi" buna uyarlayamadık. Hâlâ geçmişteki ilişkilerimiz için kullanmış olduğumuz ekonomik ve toplumsal sistemlerin içinde yaşamaktayız.

Aynı zamanda da aramızdaki karşılıklı bağımlılığın farkına varıyoruz. Sorun, bunun nasıl çalıştığını henüz yeni anlamakta olmamız. Bu sistemin özgecil-başkalarını düşünen yapısını henüz sezemedik bile! Sorun şuradadır: Bugünümüz krizleri eski yöntemlerle çözülemez, çünkü her şey insanlığın hangi çabuklukta birlik olacağına ve ortak sorumluluğa doğru hareket edeceğine bağlıdır.

Dr. Michael Laitman

Yeni Ekonomin Yararları

Ekonomistler Şaşırmış Durumdalar

Klasik ekonominin enstrümanları zamanımızda yetersizdir ve bu çağ dışı düşünme bizi günümüz krizlerinin daha da derinine götürüyor. Açıkçası, bu değişmek zorundadır, ekonomi bilimi alanında Nobel Ödülü alan Joseph Stiglitz'in dediği gibi, "Standart makroekonomik modeller bilimsel kuramın en önemli testlerinden geçemediler. Mali krizlerin olacağını önceden tahmin edemediler ve krizler olduğu zaman da bunların etkilerini hafife aldılar."[2]

Kendimizi ve ilişkilerimizin doğasını Küresel-Bütünsel sistem içindeki bağlantılarımıza uyarlamak zorundayız. Davranışçı ekonomi biliminin gelişmesi ile doğru yöne doğru bir basamak çıkıyoruz, ekonomi küreselleştiğine göre bizim toplumsal ilişkilerimiz de öyle olmak zorunda.

Bu nedenle bencilliğe dayanan ilişki biçimleri artık yürümüyor. Yeni dünyadaki ilişkiler için gerekli nitelikleri öğrenmek zorundayız. Bu bizi sadece Küresel-Bütünsel dünya ile uyuma getirmekle kalmayacak fakat aynı zamanda toplumsal ve ekonomik sistemlerimizin geçirmesi gereken değişikileri anlamamızı ve kabul etmemizi de sağlayacaktır.

Değişim kaçınılmazdır; bu durdurulamaz. Bunu ne kadar çok inkâr edersek, değişimi kriz olarak o kadar çok yaşayacağız. Ancak eğer değişimin anlamını yakalarsak ve gereken değişiklikleri yaparsak, kaygı duygusu yerini ümit, uyum ve refah duygusuna bırakacaktır; hem birbirimiz arasındaki hem de insanlık ve doğa arasındaki ahenk ve barışa.

---

2 "Short films from the 2011 Lindau Nobel Laureate Meeting in Economic Sciences," The New Palgrave Dictionary of Economics Online, http://www.dictionaryofeconomics.com/resources/news_lindau_meeting

Yeni Ekonomin Yararları
Dr. Michael Laitman

Bu nedenle de, tüm değişmesi gereken şey, aramızdaki ilişkinin doğasıdır. Eğer aramızda ortak sorumluluk ile yeni, küresel ve bütünsel bir toplumsal ve ekonomik sözleşme yaparsak, mevcut ekonomik modeli ve hayata dair insanlığın kurduğu sistemlerin tümünü de değiştirmeye başlayabileceğiz. Böyle bir değişim ancak geniş bir eğitim ve bilgilendirme ile mümkün olabilir. Bu, ortak sorumluluk değerini besleyen ve bunun üstünlüğünü vurgulayan, gönüldeş bir çevre yaratacaktır. Sadece böyle evrimsel bir süreç istikrarlı, verimli bir ekonomiyi garantiler ve bu da herkese ahenkli, dengeli ve sürdürülebilir bir hayat sağlar.

Küresel-Bütünsel Bir Dünya Yeni Bir Ekonomi Gerektirir

Günümüzün Ekonomik Yöntemi Küresel-Bütünsel dünyada sürdürülmeye devam edilemez.

Kilit Noktalar

- Bütün ülkeler ticari ve mali bağlarla birbirlerine bağlandıkları zaman geri döndürülemez bir bağımlılık oluşur.

- Ülkelerin kaderlerinin ne derecede birbirine bağlı olduğu küresel krizlerle ortaya çıkmıştır. Tek bir ülke için olan çözümler uygulanabilir değildir ve bu küresel krizleri çözmek ancak ülkeler arasındaki karşılıklı bağımlılığı hesaba katan bütünsel çözümlerle mümkündür.

- Dünya liderleri tarafından krizleri çözmek için alınan her türlü tedbir başarısız oldu ve uygun bir hareket yolu bulamamanın şaşkınlığı hüküm sürüyor.

- Krizleri çözmenin kilit noktası Küresel-Bütünsel Dünya'nın kanunları ile ben-merkezli rekabetçi ekonomi arasındaki uçurumu kapatmaktır. Ekonomik sistemleri, herkesin bir diğerinin refahına kefil olduğu ortak sorumluluk ilkesine göre uyarlamak hayati önem taşır.

- Ortak sorumlulukta birleşebilmemiz için bilgi ve eğitim sağlamak ve destekleyici bir ortam yaratmak zorunludur.

Çok Büyük Ölçekteki Küresel Ticaret Ortak Sorumluk Yaratmaktadır

Uluslararası ticaret çok eski çağlardan beri ekonominin bir parçası olmuştur. Teknolojik gelişmenin yanı sıra ticaret yapmanın yolları da gelişmiş ve bunlarla birlikte uluslararası ticaret de gelişmiştir.

Eskiden ülkeler kendi ulusal pazarlarını dışarıya kapatabilir, kendi kendilerine yeter ekonomileri içinde diğer ülkelerle ticaret yapmaya bel bağlamaksızın var olabilirlerdi. Bugün, bu artık mümkün değildir. Dünyada mal ve hizmet ithalatı ve ihracatı yapmayan hiçbir ülke kalmamıştır. Gerçekte, dünyada vatandaşlarının tüm gereksinimlerini, uluslararası sistemi yok sayarak, karşılayabilecek hiçbir ülke yoktur.

Dünya Ticaret Örgütü verilerine göre, ikinci dünya savaşından bu yana uluslararası ticaretin kapsamı çok keskin bir biçimde artmıştır. ABD 2010 yılında uluslararası mal ticaretinde 3,25 trilyon dolarlık (1,97 si ithalat) ticaret hacmi ile lider, Çin 2,97 trilyon dolar (183 milyar dolar dış ticaret dengesi fazlalığı) ile ikinci ve Almanya 2,34 trilyon dolar (202 milyar dış ticaret fazlalığı) ile üçüncü gelmekteydi.[3]

Çok büyük ölçekli uluslararası ticaret, hem gerçek ekonomide[4] hem de mali piyasalarda ülkeler arası bağlantı ve bağımlılıklara örnek teşkil eder.

Mal ve Hizmet Üretimindeki Karşılıklı Bağlantılar ve İlişkiler (Gerçek Ekonomi)

Gerçek ekonomide, mal ve hizmet ticaretinde kendini gösteren birçok farklı ekonomik bağ vardır. Buna bir örnek, otomobil endüstrisinde Japonya ve ABD arasındaki ticari ilişkilerdir. Japonya'yı 27 Mart 2011 yılında sarsan deprem, ABD otomobil endüstrisinde büyük bir etki yarattı, çünkü deprem üretim hattında ve yedek parça ithalinde gecikmelere neden oldu ve ABD'nin Japonya'dan araba ithali düştü.

Araba fiyatlarındaki artışın ardından araba satışları düştü, bu Kişisel Tüketim Harcamalarında azalmaya ve bir bütün olarak ABD ekonomisinde performans düşüklüğüne neden oldu...

---

3 *"International Trade Statistics 2011,"* World Trade Organization, www.wto.org/english/res_e/statis_e/its2011_e/its2011_e.pdf

4 Gerçek ekonomi: *Para piyasasındaki alış verişin tersine, Ekonominin gerçekten mal ve hizmet üreten bölümüdür. Kaynak: FinancialTimes Lexicon (http://lexicon.ft.com/ Term?term=real-economy)*

Dr. Michael Laitman

Yeni Ekonomin Yararları

Küresel Dünyanın Aynası Olarak Mali Sistem

Gerçek ekonomide olduğu gibi, mali sektörde de büyük bir karşılıklı bağımlılık gelişmiştir; ülkelerin birbirinden aldıkları borçlar (bonolar) veya başka yollar gibi. Bu karşılıklı bağımlılıkta en göze çarpan örnek, Çin hükümetinin elinde tuttuğu çok büyük miktardaki ABD bonolarıdır. Para piyasalarının politik ve ekonomik değişimden hızlı etkilenmesi nedeniyle bu piyasalar, içinde yaşadığımız küresel ve karşılıklı bağlantılı dünyanın en belirgin özelliği haline geldiler. Bu piyasalarda, ülkeler ve yatırımcılar arasındaki karşılıklı bağımlılık çok açık ve elle dokunulur, gözle görülür bir durumdadır.

Farklı bir diğer örnek de şu günlerde Euro Bölgesindeki ülkelerde yaygınlaşan, büyük miktarlı borç krizleridir. Pek çok ülkede ortaya çıkan çok büyük miktarlı borçlar herkesin nasıl aynı gemide olduğunu göstermekte. ABD Euro Bölgesi ülkelerine ve Japonya'ya trilyonlarca dolar borçludur, Çin'e, Rusya'ya ve ABD bonosuna sahip diğerlerine de trilyonlarca dolar daha borcu vardır, Almanya'nın da yukarıda sözü geçen ülkelere 5,46 trilyon dolar borcu vardır. Gene bu ülkelere PIIGS ülkeleri (Portekiz, İrlanda, İtalya, Yunanistan ve İspanya) 6,4 trilyon dolar, Fransa 5,46 trilyon dolar borçludur.[5]

---

5 *"Eurozone debt web: Who owes what to whom?," BBC News Business (November 18, 2011),* http://www.bbc.co.uk/news/business-15748696

Yeni Ekonomin Yararları

Dr. Michael Laitman

Ekonomik ve finansal bağlar ülkeleri kendi ekonomileri için duydukları endişe nedeniyle birbirlerinin içişlerine daha çok karışmaya zorunlu kılar. Bir yandan, karşılıklı finansal bağımlılık hem doğrudan hem de Uluslararası Para Fonu (IMF) aracılığı ile zorda olan ülkelere yardım için uluslararası çabalara hız verirken, diğer yandan finansal ve/veya politik müdahaleler ülkenin bağımsızlığına bir tehdit gibi yorumlanabiliyor, gerilim ve anlaşmazlıklara yol açabiliyor.

Amerikan ekonomisindeki krizlerle ilgili olarak, Çinli yetkililer ABD'yi ve Amerikan ekonomisinin istikrarını tehdit eden devasa bütçe açıklarını ve bu borçların Çin'e ve alacaklı diğer ülkelere geri ödenmesi kabiliyetini eleştirdiler. Bu eleştirinin getirdiği gerilim Çin Başkan Yardımcısı, Xi Jinping'i "ABD ekonomisinin her zaman çabuk iyileşme ve güçlü bir kendini düzeltme kapasitesi vardır. İnanıyoruz ki ABD ekonomisi zorluklardan çıkma sürecinde daha iyi bir gelişmeye erişecektir," demecini vermek için harekete geçirdi.
6

ABD bonolarının aşağı yukarı yarısı yabancı yatırımcılar, özellikle Çin, Japonya, Rusya ve Hindistan tarafından satın alındığı için, uluslararası para sisteminin Amerikan ekonomisine hassasiyeti ve buna karşı ABD hükümetinin tavrı açıktır. ABD Hazine Sekreteri, Timothy Geithner tarafından yapılan bir açıklama ülkeler arasındaki müdahaleleri kanıtlar.

---

6 *"Xi Jinping and US Vice President Biden Attend China-US Business Dialogue,"*
Ministry of Foreign Affairs of the People's Republic of China, (August 19, 2011),
http://www.fmprc.gov.cn/eng/zxxx/t850833.htm

Dr. Michael Laitman

Yeni Ekonomin Yararları

Uluslararası Para Fonu'na (IMF) yaptığı resmi açıklamasında, Geithner, Avrupa ile ilgili olarak, "Art arda gelen banka yükümlülüklerini yerine getirememe tehditleri ve bu tehlikeli risk ortadan kaldırılmak zorundadır, aksi durumda bu Avrupa ve dünya çapındaki diğer çabaları baltalayacaktır. … Bölgedeki problemleri kesin olarak çözecek kararlar, krizler daha ciddi duruma gelene kadar beklenemez," dedi.[7]

Ülkeler Arasında Sıkılaşan Ekonomik ve Finansal Bağlar

Uluslararası ticaret ülkelerin ihtiyaçlarını karşılamanın yolu haline geldi. Kapitalizm dünya çapında yayıldıkça, ülkelerin temel amacı zorunlu ihtiyaçları sağlamaktan, kazancı yükseltmek, güçlü ve istikrarlı bir ekonomiyi korumak ve sürekli bir gelişmeyi ve vatandaşlarının refahını sağlamaya dönüştü. Küresel denge hem ekonomi hem de finansal seviyedeki uluslararası arz ve talep vasıtasıyla oluşturuldu.

Gerçek ekonomide, bazı ülkelerdeki üretimin verimliliği ve üretimin maliyetleri arasındaki fark bu ülkeleri kendi ürünlerini, bu ürünlere talebi olan diğer ülkelere ihraç etmeye yönlendirebilir. Finansal seviyede her ülke kazancını kendi para biriminde sağlamaya ve bunun için ötekilere borç vermeye çaba gösterir. Hatta ülke, devlet ve kamu harcamalarını ve makul bir büyüme için yatırım yapmayı sürdürmek amacıyla paraya ihtiyaç duyar ve bu nedenlerle başka ülkelerden borç da alacaktır.

---

7 Ben Rooney, "Geithner sounds alarm on Europe," CNN Money, (September 25, 2011), http://money.cnn.com/2011/09/24/markets/geithner_debt/index.htm

Yeni Ekonomin Yararları

Dr. Michael Laitman

Ülkeler yatırımlarını riski azaltmak ve güvenli bir yatırım portföyü kurmak amacı ile farklı ülkelere dağıtırlar. Kazançlarını daha yukarı çıkarmak isteği onları endüstri ve teknoloji alanındaki gelişmeleri sürdürmeye ve başka ülkelerde yatırım yapmaya zorlar. Bunları yapmak küresel ekonomik sistem içinde ülkeler arasındaki ticareti olduğu kadar politik ilişkileri de güçlendirdi. Dünya böylece geri dönülemez şekilde küresel ve bütünsel hale geldi.

Ekonomistlerin ve Karar Mercilerinin Çaresizliği

2008 yılında ekonomik krizlerin ABD'den uluslararası ekonomiye yayılmasındaki temel nedenlerden birisi de ülkeler arasındaki karşılı bağımlılıktır. Şimdi de, 2008 yılındaki gibi her ülke krizden etkilenmiştir. Ülkeler ve şirketler arasındaki karmaşık bağlantılar, ülkelerin ortak bir düşünce ile sendelemekte olan ekonomileri desteklemeyi gerçekten isteyerek birlikte bütünsel olarak hareket etmelerini gerektirmektedir. "Hepimiz aynı gemideyiz," mesajı nihayet anlaşılmış gibi görünüyor. Ancak, krizleri parasal ve finansal teşvikle çözme girişimleri hem ABD hem de Avrupa'da fena şekilde başarısız oldu.

2008'den bu yana küresel krizlerle kökten başa çıkmada tüm dünyadaki başarısızlık, ekonomistleri ve karar mercilerini şaşkına çevirmektedir. Bu kişi ve kurumlar küreselleşen ve bütünselleşen bir dünyada ticaretin nasıl yürütüleceği ve geniş finansal sistemin nasıl kullanılacağının yanı sıra ülkelerin her birinin ayrı ayrı kazancını yükselmek isteğinin, karşılıklı ekonomik ilişkileri kullanarak nasıl düzenleneceğine de kafa yormaktalar. Küresel-Bütünsel dünyada ülkeler arasındaki ortak bağımlılığın zorunlu

Dr. Michael Laitman

Yeni Ekonomin Yararları

kıldığı karşılıklı münasebet ile uluslararası ekonominin, dar ve ben-merkezli bir yaklaşıma dayanan bugünkü yapısı arasındaki bu uçurum şimdi, uluslararası ekonomi topluluktaki krizler olarak biliniyor.

Küresel krizleri 2004 yılında, önceden tahmin eden birkaç kişiden biri olan New York Üniversitesi Ekonomi Profesörü, Nouriel Roubini, 2011 yılı yazında tırmanmakta olan krizlerle ilgili olarak, "Karl Marx haklıydı. Bazı konularda, kapitalizm kendi kendini yok edebilir,"[8] demiştir. Benzer şekilde, Nobel Ödülü kazanmış olan Joseph Stiglitz, "Bir anlamda, kriz sadece bizim ekonomimizde değil, diğer ekonomilerde de olmak durumunda,"[9] demiştir.

13 Eylül, 2011'de, dünyanın en büyük yatırım ve bono fonları şirketi PIMCO'nun kurucularından ve tepe yöneticilerinden Mohamed A. El-Erian bir radyo röportajında, Tom Keene ve Ken Prewıtt ile "Bloomberg Teftişinden" söz etti, "Avrupa'da tam olarak patlayacak bankacılık krizlerine yaklaşıyoruz. ... Küresel bir eş zamanlı yavaşlama içindeyiz. Avrupa ve ABD'de oluşturulan ekonomi politikalarına çok az güven var,"[10] dedi.

---

8 Nouriel Roubini Blog, http://nourielroubiniblog.blogspot.com/2011/10/karl-marx-had-it-right.html (originally said in a video recording to the WSJ: http://online.wsj.com/video/roubini-warns-of-global-recessionrisk/C036B113-6D5F-4524-A5AF-DF2F3E2F8735.html)

9 "Short films from the 2011 Lindau Nobel Laureate Meeting in Economic Sciences," The New Palgrave Dictionary of Economics Online, http://www.dictionaryofeconomics.com/resources/news_lindau_meeting (yukarıda söz edilen ifade Stiglitz videosunun 10:05 inci dakikasındadır.)

10 John Detrixhe and Tom Keene, "Europe Close to Banking Crisis, El-Erian Says: Tom Keene," Bloomberg (September 13, 2011), http://www.bloomberg.com/news/2011-09-13/europe-close-to-banking-crisis-el-erian.html

Yeni Ekonomin Yararları

Dr. Michael Laitman

Bir başka defasında, El-Erian, "Küresel ekonominin düzelmesine engel olarak dört neden gösterdi: Petrol fiyatları … çok yükseldi, konut pazarı yeteri kadar istikrarlı değil, Avrupa borç krizlerini henüz çözemedi ve dünya liderleri ABD politikacılarının "çok fazla tartışmasından" endişe duyuyorlar. Orkestranın farklı bölümleri farklı melodiler çalıyor ve bu da kafa karıştırıyor," demiştir.[11]

Bu ifadeler ve diğer bazı önde gelen ekonomist ve finansçılar ülkelerin kazançlarını yükseltme özlemlerinin onları nasıl karşılıklı bağımlılığa yönelttiğini anlatmaktadırlar. Aynı zamanda, bu ifadeler onların küresel ekonomik gerçeklikle başa çıkmadaki şaşkınlık ve yetersizliklerine de tanıklık eder.

Küresel Bütünleşme Kaçınılmaz Bir Durum mu?

Yukarıda tanımlanan gerekli ekonomik ilişkilerin ışığı altında, bütünleşmenin yanı sıra, dünyanın ikinci en güçlü ekonomisine sahip olan Çin, geçenlerde Avrupa ve ABD'deki yatırımlarını durdurmak niyetinde olduğunu açıkladı. Çin Başbakanı Wen Jiabao, Yeni Şampiyonlar 2011 Yıllık Toplantısında yaptığı konuşmada, "Hükümetler yükümlülüklerini yerine getirmeli ve ülkelerinin içini düzene koymalıdırlar. Başta gelen gelişmiş ekonomiler sorumluluklarını kabul etmeli, geçerli bir maliye ve para politikası benimsemeli ve borç konusunu doğru ele almalıdırlar," demiştir.[12]

---

11 Jason Kelly and Laura Marcinek, "Pimco's El-Erian Says U.S. Unemployment Is 'Stubbornly High,'" Business Week (May 2, 2011), http://www.businessweek.com/news/2011-05-02/pimco-s-el-erian-says-u-sunemployment-isstubbornly-high-.html

12 http://www.gov.cn/english/2011-09/14/content_1947644_5.htm

Bunlara ek olarak, Çin Merkez Bankası birçok Avrupa bankası ile yabancı para dolaşımını dondurmuştur, bunlar arasında Société Générale, Crédit Agricole ve BNP Paribas da bulunmaktadır, Avrupa'daki borç krizlerinin ışığında, Moody's kredi değerlendirmesi Avrupa'daki pek çok bankaya düşük not vermiştir.

Japonya da benzer bir görüşü Japon Maliye Bakanı, Jun Azumi'nin maliye bakanları ve merkez bankası yetkililerinin Paris'te 2011 Ekim'inde yaptığı bir G20 toplantısında şöyle dile getirmiştir: "Avrupa beraberce tavır almalıdır, eğer krizlerin sonu gelmezse, bu, güçlü bir büyümenin keyfini sürmekte olan yükselen ekonomileri etkilemeye başlayacaktır."[13]

Çin ve Japonya'nın Avrupa'daki borç krizleri karşısındaki tavrı şu sorulara yol açmıştır: "Çin ve Japonya'nın tecrit eğilimi bugünün küresel ve bütünsel dünyasında mümkün müdür? Güçler korumacılıkla ve özerkçilikle kendi ekonomilerinin istikrarını koruyabilirler mi? Kendilerini diğer ülkelerle olan ilişkilerinden ayırabilir ve kendi-kendilerine yeterli hale gelebilirler mi?"

Yukarıdakilere verilecek cevap yüksek sesli bir "hayır"dır. Bir ülkenin tek başına tüm ihtiyaçlarını karşılayabildiği günler geçti ve geri dönüş yok. Küresel-Bütünsel dünyada, en güçlü ekonomiler bile birbirlerine ve tüm uluslararası sisteme (hatta belki diğerlerinden de daha fazla) bağımlıdır. Bu nedenle ABD ekonomisindeki yavaşlama Çin ve Japonya'nın ihracatında keskin bir düşüşe yol açacak ve bu ülkelerin ekonomisini hırpalayacaktır.

---

13 "G20 nations urge Europe to act decisively on debt," Reuters (October 15, 2011), http://www.france24.com/en/20111015-debt-crisis-europe-us-g20-pledges-adequate-funding-for-imf

Ayrıca devlet bonoları piyasası ülkelerin başka ülkelerden sermaye topladıkları ve kendi sermaye birikimlerini başka ülkelerin bonolarına yatırdıkları küresel bir arena haline geldi. Eğer ABD borçlarını ödeyemezse veya borçlarının yeniden yapılandırılmasını talep ederse, şu anda elinde en çok ABD devlet bonosu tutan iki ülkeden biri olan Çin ekonomisine ne olacağını siz tahmin edin.

Küresel Krizlerin Üstesinden Gelme Girişimleri Başarısız Olmuştur

Küresel krizler 2008'de başladığından bu yana, ABD ve Euro Bölgesi ülkeleri çeşitli kurtarma ve acil durum planları ile ekonomilerini çöküşten kurtarmaya çalışmaktadırlar. Genellikle bu programlar, parasal genişlemeye, öncelikli olarak faiz oranlarının düşürülmesine ve kamu maliyesindeki büyümeye dayanır, bunun anlamı devlet sermayesinden ekonomik sisteme para akıtılması ve ekonomik faaliyetleri canlandırmak için vergi indirimleri sunulmasıdır.

Bu benzersiz büyüklükteki üç teşvik programı da ABD hükümetinin yamalı bohçaya benzeyen canlandırma politikası kapsamındadır. Ancak, Filedelfiya Eyalet Başkanı Charles I. Plosser, bununla ilgili olarak şunları söylemiştir: "Hareketli para politikasının makro-ekonomiye istikrar getireceği kavramında ısrar etmek... Benim görüşüme göre, böyle sarsıntıların gerçek ekonomideki sonuçlarını para politikalarının etkisiz hale getirme yeteneği son derece sınırlıdır. ...Ekonomiye istikrar sağlama, gerekli veya gereksiz yere teşvik sağlamak ile olamayacaktır. ... Böylece para politikalarından yapamayacağı bir şeyi, saldırgan girişimlerle istikrar getirmesini istemek, gerçekte ekonomik istikrarsızlığı azaltmak yerine daha da arttırabilir." [15]

---

15 James Saft, "Don't expect coordinated easing," Reuters (September 22,2011),http://blogs.reuters.com/jamessaft/tag/federal-reserve/

Dr. Michael Laitman

Yeni Ekonomin Yararları

Ünlü ekonomist ve "Gloom, Boom and Doom" raporunun yazarı Marc Faber, bu sözü edilen planla ilgili olarak biraz daha doğrudan bir tepki verdi. *sıkıntı ve kör talih planı mı yoksa biir önceki mi?* Bu programı şöyle tanımladı: "Keynesçi ekonominin bir başka toptan başarısızlığı ve yozlaşmış müdahaleleri," Dr. Faber sözlerini programı "bu tam bir şaka" diye adlandırarak özetledi.[16]

ABD'de olduğu gibi, Euro Bölgesi ülkeleri de pazarlara sermaye akıtmak, Avrupa'daki merkez bankalarının faiz oranlarını düşürmek gibi çeşitli adımlar attılar. Ayrıca, Euro Bölgesi, birlik içindeki daha zor durumdaki ülkeler için milyarlarca Euro değerinde bir kurtarma fonu kurdu. Ancak, bütçe kesintileri ülkelerin ekonomilerini yeniden canlandırma kabiliyetlerini ve ülke vatandaşlarına yardımı sekteye uğrattı. Bu, durumu daha da kötüleştirdi ve Yunanistan, İspanya, Portekiz ve Avrupa'daki diğer ülkelerde milyonların sokağa dökülmesine ve gösteriler yapmasına neden oldu.

Uluslararası Para Fonu da (IMF) Avrupa'ya yardımda payına düşene katıldı, pek çok milyarı kurtarma parası olarak ayırdı. Şimdi Avrupa'daki pek çok ülke açığını kapatmak ve yardım fonunu kullanma kıstasına uymak için tasarruf önlemleri almaktadır. Ancak bütçe kısıtlamaları ülkelerin ekonomilerini canlandırmasını ve vatandaşlarına yardım etmesini zedelemiştir. Bu, durumu daha da kötüleştirmiş, Yunanistan, İspanya, Portekiz ve bazı diğer ülkelerde milyonların protesto gösterileri yapmasına neden olmuştur.

---

16 Patrick Allen, "Marc Faber: Obama's Job Package 'a Complete Joke,'" CNBC (September 9, 2011), http://www.cnbc.com/id/44449276/Marc_Faber_Obama_s_Job_Package_a_Complete_Joke

Yeni Ekonomin Yararları

Dr. Michael Laitman

ABD ve Euro Bölgesi ülkelerinin teşvik politikalarının başarısızlığı, 2011 yılı krizlerini sahneye koydu, birkaç yıl önce başlayanlar bu krizlerin yanında cüce kaldı. Sorunları bölgesel seviyede ele almak sorunları çözmedi, hatta onları daha da depreştirdi, büyük miktardaki borçlar banka ve finansman kuruluşlarından devlet bütçelerine de yayıldı.

IMF'in başkanı Christine Lagarde şöyle demiştir: "Mevcut fırsatların çoğu 2009 yılında kullanılmış olduğu için hükümet ve merkez bankaları için işe yarar politika seçenekleri çok sınırlıdır."[17] Prof. Roubini buna ilişkin olarak şöyle demiştir: "Ekonomik bir duraklamaya varmış bulunuyoruz, sadece ABD'de değil, Euro Bölgesi ülkeleri ve İngiltere'de de ... Ne yazık ki politik araçlar eksik kalıyor." [18]

Krizleri Çözmenin Reçetesi

Halen devam etmekte olan doğal gelişimin bir sonucu olarak, ülkeler arasındaki küresel bağlantı olmuş bitmiş bir durumdur. Gerçekte bu bağlar daha da güçlenmektedir ve 2008 yılı krizinde açıkça görülmüştür ki, ülkelerin kaderleri tek bir ağ örgüsü içinde birbirlerine bağlıdır.

2008 yılında, bu ağ örgüsü, krizin en bariz belirtilerini bölgesel tedavilerle iyileştirmeye çalıştı. Hem de bunu benzeri görülmemiş ölçülerde yapmaya çaba gösterdi.

Ancak uluslararası sistemin izlemekte olduğu, İkinci Dünya Savaşı'ndan sonra biçimlenmiş olan ekonomik, toplumsal ve politik örnekler artık bugünün küresel ekonomik ve toplumsal bağlantılarının ağına uygun değildir.

---

17 "There Has Been a Clear Crisis of Confidence," Spiegel Online International (April 9, 2011),http://www.spiegel.de/international/world/0,1518,784115,00.html

18 "Roubini on U.S. Recession Risk, Europe and China," Bloomberg (August 31, 2011), http://www.bloomberg.com/video/74655083/

Dr. Michael Laitman

Yeni Ekonomin Yararları

Şimdi, ülkeler arasında bağlayıcı bir ortak sorumluluk oluştu ve uluslararası ekonomik sistemin doğası ile - ne pahasına olursa olsun ekonomik bağımsızlık, yüksek kazanç ve kontrolsüz rekabet değer yargılarını yansıtan- tarihi geçmiş çalışma tarzı arasındaki tutarsızlık, küresel krizlerin can alıcı noktasıdır.

Karar mercileri ve ekonomistler, küresel gerçeklik üzerine daha geniş bir bakış açısı edinemedikleri için defalarca başarısız kaldılar; Bu gerçeklikte, ülkeler arasındaki bağlantılar ülkeleri isteyerek ya da hayatın gerçeklerinin zorlaması sonucu ortak sorumluluk geliştirmeye zorlar. Küresel-Bütünsel Dünya'nın ticaret, ekonomi ve finans bağlantıları içinde diğer ülkeleri düşünmeksizin sadece kendi ekonomisi için kaygılanan bir ülke, tüm parçaları gerektiği gibi birbiriyle bağımlı olduğu zaman sağlanabilecek olan denge, uyum ve iş birliğine ulaşmaya çalışan tüm uluslararası sisteme zarar vererek, tamamen başarısız olacaktır. Böyle sürüden ayrılan bir ülkenin ekonomisi ne kadar çaba gösterse de kaçınılmaz olarak daha zayıf ekonomilerin krizlerinden etkilenecektir, 2011'deki Euro Bölgesi borç krizlerinde Almanya'nın durumu gibi.

Bu nedenle çok geniş ve kapsayıcı, ülkeler arasındaki iş birliği ve ortak sorumluluğu gerektiren küresel bir çözüm planının tasarlanması gerekmektedir. Bu plan ortak sorumluluk, özen göstermek, birliktelik, ödün vermeye istekli olmak ve bütçesel, parasal ve düzenleyici mekanizmaları birleştirmek ile kendini gösterecektir.

Ortak sorumluluk gereklidir, bu ilkeye uymayan ve diğer ülkelerin gereksinimlerini göz önüne almayan ülkeler gerçekte kendilerine zarar vereceklerdir. Güçlü ülkeler

uluslararası yardım fonlarını kullanarak uluslararası sisteme yardım etmelidirler.

Değer yargılarındaki -bir ülkenin diğerlerine ya da tüm sisteme yardım ettiği- kavramsal değişiklikler uluslararası ekonominin yeniden yapılandırılmasını motive edecektir. Bütün ülkeler, bir ülke bir diğerine yardım etmiyorsa tüm sisteme, bu sistem içinde aralarındaki sıkı bağlar nedeniyle de kendilerine zarar vereceklerini anlarlar.

Aynı zamanda, uluslararası sistemin geliştiği bu küresel ve bağlantılı gerçeklik hakkında eğitim ve bilgi verilmelidir. Bu giderek dünya nüfusunun ve karar mercilerinin dünya görüşünü değiştirecektir. Bunun sonucu olarak, yeni uluslararası ekonomi zorunlu bir kötülük olarak değil, içinde tüm dünya için geniş bir ekonomik ve toplumsal potansiyel barındıran yeni bir fikir olarak algılanacaktır.

Üstelik küresel ekonominin uluslararası ilişkilerin bir yansıması olduğunu anlamak zorundayız. Bu nedenle gerekli değişim, öncelikle ve en önemli olarak, aralarındaki ilişkilerin kavramsal bir değişikliğidir. Bu, ülkeler arasında onların birbirlerine olan ihtiyaçları temelinde, tüm uluslararası sistemin ihtiyaçlarını da gözeten bir ortak sorumluluk bağı kurmayı gerektirir. Bu ülkeler arasında geniş bir iş birliği ve dayanışma ile kendini gösterecektir.

Yukarıda belirtildiği gibi ekonomi, kişiler ve ülkeler arasındaki toplumsal bağların bir yansımasıdır. Bu nedenle, uluslararası seviyedeki ilişkileri değiştirmekle, bağları ekonomik sistemin küresel ve karşılıklı bağımlı doğasına uyarlamakla, beklenmekte olan endişe verici krizler dengeli ve sürdürülebilir bir uluslararası ekonomiyle yer değiştirecektir. Bu, bugün bildiğimizden radikal bir şekilde farklı olacaktır. Değer yargılarının değişmesi, hem kişiler arasındaki hem de uluslararasındaki ilişkilerin düzelmesi için zorunludur.

Özet olarak, ekonomi insanlar arasındaki ilişkileri yansıtan bir bilimdir. Küresel ve bütünsel dünyaya uygun olan yeni ekonomi bugün var olandan temelden farklıdır.

Ekonomik krizler hepimizi tehdit etmektedir. Bunlarla başa çıkmak için geleneksel ekonomik araçları kullanan tüm girişimler başarısız olmuştur. Ekonomik dengeye erişmek için tek ümit ortak sorumluluğun uygulanmasıdır. Küresel krizler, mevcut sistemin rekabetçi ve bireyci yapısı ile küresel ve bütünsel bir dünyada olması gereken yapı arasındaki büyük uçurumun bir sonucudur. Bu krizler bu dönüşümü de hızlandıracaktır.

Önde gelen ekonomistler, başarısızken bile bu sisteme tutunmanın bize yararı olmadığını zaten anladılar bile. Bunun yerine, iyi, ahenkli ve sağlam bir gerçekliği yapılandırmaya odaklanmamız gereklidir.

Dengeli, ahenkli ve sağlam bir ekonomiye giden yolun devrim yapmak demek olmadığını kaydetmek önemlidir. Aksine, danışma, bilgilendirme ve karar verme süreçlerinde saydamlık ve yeni Küresel ve Bütünsel Dünya'nın kanunlarının tam olarak açıklanması ve eğitimi anlamına gelir.

Pratik Bir Çözüm Olarak Ortak Sorumluluk

Ortak sorumluluk dünyadaki toplumsal ve ekonomik sorunlar için pratik bir çözüm müdür?

Kilit Noktalar

- Benzeri görülmemiş ölçüdeki parasal ve mali girişimler küresel ekonomiyi son yıllarda içinde bulunduğu derin krizden çıkartamadı.

Yeni Ekonomin Yararları

Dr. Michael Laitman

- Mevcut ekonomik krizler 2008 yılı krizinin sadece doğal bir uzantısı değil, öncekinden daha büyük ve daha tehdit edicidir. Bu bizim krizin köküne inip teşhis koyup tedavi etmek yerine belirtilerine odaklanmamız ve yanlış tedavi uygulamamızdandır.

- Yeni ekonomi ile uyumlu olmayan prensiplere dayanan geleneksel ekonomik çözümlerin başarılı olmak için Küresel-Bütünsel Dünya'nın sonucu olan karşılıklı bağımlılığa gereksinimi vardır.

- Krizlere uygulanabilecek tek pratik çözüm, ilişkilerimizi dengeli, işlevsel ve sürdürülebilir bir ekonomiyi temel alan, ortak sorumluğa (tüm garantörlerin birbirinin refah ve mutluluğundan sorumlu olmasına) doğru değiştirmektir.

- Karşılıklı güvencede birleşebilmemiz için, bunu destekleyen çevreyi oluşturacak olan eğitim ve bilgiyi sağlamak gereklidir.

Ekonomik ve Finansal Krizlerin Küresel Olduğu Konusunda Tartışma Yoktur

Yaşamakta olduğumuz ekonomik ve finansal krizler dünya üzerindeki her ekonomist ve karar vericinin aklında. Bunlar istemeyerek de olsa sonuçta, dünyanın küresel ve bağlantılı bir hale dönüştüğü, küresel bir değişimin sürdüğü gerçeğinde uzlaştılar, bu dünyada herkes ve her ülke bir diğerini etkiler ve bir diğerinden etkilenir. Bu yeni dünyada, hepimiz gizli ya da açık olarak, sürekli bir şekilde sıkılaşan ekonomik, finansal ve toplumsal bağlardan oluşan tek ve küresel bir ağın parçalarıyız.

Dr. Michael Laitman

Yeni Ekonomin Yararları

Ülkeler arasındaki karşılıklı bağımlılık, hiç bir ülkenin küresel krizlerin sonuçlarından kaçınmasına olanak vermez, domino etkisi krizi kapılarına dayar, Almanya, Çin veya Brezilya gibi ekonomisi halen sağlam olan olanların bile.

Bu nedenle, ürünlerinin temel alıcısı olan ABD ve Avrupa ülkelerinde insanların kişisel tüketim ve yaşam standardını etkileyen zorlu bir kriz hüküm sürdüğünden, Çin ekonomik büyümesinde yavaşlama yaşamaktadır.

Avrupa'nın en güçlü ekonomisi olan Almanya dahi yakın zamanda Yunanistan ekonomisinin çökmesi ve buna bağlı zincir reaksiyonu ile PIIGS (Portekiz, İtalya, İrlanda, Yunanistan ve İspanya) ve Avrupa'nın geri kalanının etkilenmesinden dolayı, zorluklarla karşılaşmıştır.

Geleneksel "Araçlar" Başarısız Oldu

Dünyadaki, devlet başkanları, başbakanlar, maliye bakanları ve merkez bankası başkanları 2008 yılından beri küresel finans pazarını ve ekonomiyi iyileştirmeye çalışıyorlar. Dünyadaki tüm yardım programları, tedavi programları ve ekonomik teşvik girişimlerinin hep bu aynı eski ekonomik modele dayanmasına şaşmamak gerek, bu modelde krizlerin çözümü parasal genişleme (faiz oranlarının düşürülmesi) ve mali genişlemenin (devlet giderlerinin arttırılması ve devlet sermayesinden piyasaya para akıtılması) bir karışımı olarak belirlenir. Bu çözümler arasındaki tek fark akıtılan paranın ve yapılan genişlemelerin miktarıdır.

- Parasal genişleme temel olarak, ucuz para temin etmenin ticari faaliyeti ve kişisel tüketimi arttıracağı

varsayımına dayanarak faiz oranlarının düşürülmesi olarak kendini gösterir.

• Mali genişlemenin anlamı ise devletin, kamu harcamalarını yükselterek, piyasaya para akıtarak, vergi indirimleri ve diğer devlet teşvikleri ile ekonomik hareketlere müdahale etmesi demektir. Ekonomiyi hareketlendirmek için devlet bütçe açığını attırmak zorunlu bir musibet olarak görülmektedir. Devlet bütçe açıklarının arttırılması "görünmez el" mekanizmasının ve serbest piyasa güçlerinin başarısız olduğu yerleri hedeflemektedir.

Yeni Problemleri Eski Çözümlerle Düzeltmek

İki temel problem, ekonomileri küresel krizden kurtarma girişimlerinin başarısızlığına örnek teşkil eder.

1) Hepsi, mali ve parasal genişleme karışımı olan aynı modeli kullanırlar. Mevcut ekonomik modelin kuramsal temeli 1900'lerin başlarında kurulmuştur ve çok az değişiklik görmüştür. Ama o zamandan bu yana ekonomik ve finansal sistemlerde köklü değişiklikler olmuştur. Küreselleşme süreci hızını teknolojinin gelişmesi, borsa oyunlarıyla elde edilen ucuz para kaynaklarının bolluğu, finans mühendisliği ve açgözlülükle şekillenip büyüyen finansal risklerle birlikte giderek arttırmaktadır.

Uzmanlar, böyle bir küresel sistemin içinde barınan riskleri doğru olarak değerlendirmekte zorlanıyorlar. İnsan unsuru, insanoğlunun kazancını yükseltmek için olan engel tanımaz arzusu ile en zor tahmin edilebilen bileşendir. Klasik ekonomik kuramlar, dünyanın karşı karşıya olduğu yeni zorluklarla başa çıkmaya yeterli değildir. Finans piyasası, gerçek ekonomi ve şirketlerin faaliyetleri

arasındaki karşılıklı ilişkiler sadece bu resmi karmaşık hale getirir ve alışılagelmiş potansiyel tehlikelerin içinde uygun bir çözüm bulunmasını daha da zorlaştırır.

2) "Pratik bir çözüm" bulma yarışı başarısız olmaya devam ediyor. "Pratik" ölçülebilir ve miktarı belirlenebilir bir şey demektir. İnsanlar, bütçede, faiz oranlarında, kaynakların dağılımında, vergi kesintilerinde, doğrudan ve dolaylı vergiler dengesinde, okuldaki eğitim programında, sosyal güvenlik ve konut ipotekleri gibi konularda öngörülen değişiklikleri beklemekteler.

Ancak, krizlerin nedeni doğru anlaşılmadan ve bu küresel ve bütünsel gerçeklik içinde, insanlar arasındaki ilişkilerde gerekli değişiklikler yapılmadan uygulanan çözümler başarısız olacaktır.

Dünya çapında hem hükümetler hem de merkez bankaları tarafından uygulanan bir dizi benzeri görülmemiş ölçekteki bütçe ve karaktere sahip "pratik" çözüm önerileri beklenen sonucu vermekte başarısız oldu. Mevcut küresel krizler 2008 yılı krizinin doğal bir uzantısı olmakla kalmayıp ondan çok daha büyük ve tehdit edicidir. 2008 yılından bu yana, ABD hükümetinin tüm kurtarma planları[19] sadece başarısız olmakla kalmayıp krizleri şiddetlendirdi de, çünkü bize asılsız ümitler vererek işin temeline inmemizi engellediler. Bu planlar krizlerin gerçek nedenlerini çözmek yerine, sadece krizlerin görünen belirtileriyle başa çıkmayı hedeflediler.

---

19 http://www.recovery.gov/Pages/default.aspx

Yeni Ekonomin Yararları

Dr. Michael Laitman

ABD'deki Başarısız Olan "Pratik" Adımlar

2008 krizleriyle başa çıkmak için, eşi benzeri görülmemiş büyüklükte üç kurtarma planı, ilki Bush yönetimi daha sonraki ikisi Başkan Obama tarafından uygulamaya kondu.

• 2008 Ekim'inde, Lehman Brothers yatırım bankasının çökmesinin korkusu ile bundan birkaç hafta önce, ABD hükümeti Zorda Olan Varlıkların Kurtarılması (TARP) yasasını çıkardı. Onları öngörülen bir iflastan kurtarmak için devlet bu "zehirli" varlıkları finans kuruluşlarından satın aldı. Sadece bu program için devlet finans sektörünü kurtarmak amaçlı olarak 700 milyar dolar harcamaya yetkili kılındı... Ancak bu devasa miktardaki paranın bile yeterli olmadığı kısa sürede fena halde anlaşıldı, krizler hızlanarak tırmanmaya devam etti.

• 13 Şubat 2009'da, TARP'ın Amerikan ekonomisini sağlama almadaki başarısızlığının farkına varılışı ve Başkan Obama'nın baskısı ile 2009 yılı Amerikan Kurtarma ve Yeniden Yatırım Hareketi (ARRA)[20] yasası meclisten geçti. Başkan Obama, eğer 787 milyar dolar Amerikan ekonomisine, milli bankalara akıtılırsa, faiz oranı indirimleri ve finans endüstrisinin desteklenmesi ile krizleri çözeceğine inandı. Başkan aynı zamanda, 2008 balonunun sönmesi ile hızını almış olan finansal "hokus pokusu" dizginlemek için finans endüstrisindeki düzenlemeleri de sıkılaştırdı ve bu durumu daha da ağrılı hale getirdi. Nihayetinde ARRA da başarısız oldu.

---

20 http://www.recovery.gov/About/Pages/The_Act.asp

Dr. Michael Laitman

Yeni Ekonomin Yararları

- 2010'da ikinci kez birincisinden de büyük bir kurtarma planı başlatıldı. 2010 Ocak'ında, bu plan Amerikan Kurtarma ve Yeniden Yatırım Hareketi, Federal Teşvik Fonu[21] diye adlandırıldı, bu da aynı şekilde, devlet açığını arttırmak ve finans sistemine, şirketlere ve tüketicilere para akıtma ilkesine dayanır. Amerikan Kurtarma ve Yeniden Yatırım Hareketi de başarısız oldu.

Ama 2011'in sonlarında Başkan Obama bir dördüncüyü, daha değişik bir planı başlattı. Amerikan İş Hareketi[22] ABD iş piyasasına odaklanır ve 450 milyar dolar değerinde vergi teşviki sunar. Bu planın sonucu halen beklenmektedir.

Hükümetin yanı sıra, Federal Merkez Bankası (FED) de ekonomiyi desteklemek için çalışmakta. Faiz oranları neredeyse %0'a indirildi, (geleneksel ekonomi kanunlarına dayanarak) böyle yapılarak ve bunun yeteri kadar uzun süre sürdürülmesiyle ucuz paranın harcamaları ve borç alımını özendireceğine ve böylece de Amerikan ekonomisinin tekrar canlanacağına, ekonominin krizden kurtulacağına inanıldı. Faiz oranları neredeyse üç yıldır sıfıra yakın tutuluyor, krizlerin geçtiğine dair hiçbir işaret yok. Gerçekte giderek daha da kötüleşiyor. FED iki tane çok büyük canlandırıcı teşvik planı başlattı, buna %70 oranda (daha önce eşi görülmemiş oranda) Amerikan devlet bonosu satın alımı da dâhil. Bu da başarısız oldu.

---

21 http://www.nyc.gov/html/omb/downloads/pdf/jan10_fed_stim.pdf
22http://www.whitehouse.gov/the-press-office/2011/09/08/fact-sheet-american-jobsact

Yeni Ekonomin Yararları

Dr. Michael Laitman

Avrupa'daki Başarısız Olan "Pratik" Adımlar

Avrupa'da da Avrupa Merkez bankası (ECB) Euro Bölgesinde faiz oranını %4,25'den %1'e düşürdü[23] ancak bunun da boş yere olduğu görüldü.

Euro Bölgesi, bu blok içindeki daha zayıf ülkelere yardım için yüzlerce milyar Euro'luk bir Avrupa kurtarma fonu kurdu. Bu fon, üyelerinden para toplamakta zorlandı. Ancak, bu fonları alabilmek için gerekli ekonomik ve toplumsal düzenlemeler o kadar zorlayıcıydı ki, bunlar, fonları alan ülkelerde Yunanistan'da olduğu gibi yaygın protesto gösterilerine yol açtı.

2011'in sonunda gerçek tehlike Yunanistan'ın borcunu ödeyememesi ile kendini gösterdi ki, bu, tüm Euro Bölgesinde ve dünyada krizlerin dramatik olarak hızlanmasına neden olabilirdi, fonun anaparası ciddi miktarlarda bir trilyon Euro'dan da fazlasına yükseltildi. Bu yükseltiş anlaşması, Euro Bölgesi ülkeleri arasındaki pek çok zorlu tartışmadan sonra imzalandı. Birçok uzman, Avrupa'da hüküm süren borç krizlerini çözmekte bu girişimin de başarısız olacağına inanmaktadır. Bu girişim en iyi durumda, finansal ve beklenebilir toplumsal çöküşü biraz geciktirecektir.

---

23 "Euro Area Interest Rate," Trading Economics, http://www.tradingeconomics.com/euro-area/interest-rate

Dr. Michael Laitman

Yeni Ekonomin Yararları

Uluslararası Para Fonu (IMF) da, bu amaç için ayrılmış büyük bir bütçe ile Avrupa'ya yardım için öne fırladı. Avrupa'daki pek çok ülke bu fondan yardım alma koşullarını yerine getirebilmek için bütçe açıklarını azaltmak üzere "kemerleri sıktı." Bu ülkelerdeki kesintiler, onların ekonomilerini tekrar rayına koymalarına engel oluyor. Bunun sonucunda da bu kesintiler gerçekte durumu daha da kötüleştiriyor. Bu durum çığ etkisi yaratıyor, sorunları yok edeceğine daha da hızlandırıyor. Şu anda tüm Euro Bölgesi olması yakın bir tehlike içindedir.

Üyeleri arasında ortak güvence oluşturmak durumunda olan Euro Bölgesi, Yunanistan'da başlayan ve hızla İtalya, İspanya ve Portekiz'e yayılan domino etkisinin içinde çökmek üzeredir. Bu noktadan hareketle, Fransa ve Almanya'nın daha güçlü olan ekonomilerinin etkilenmesi yalnızca zaman meselesidir.

Euro Bölgesi'nin çoğunda işsizlik oranı çok yüksektir: İspanya'da tüm iş gücü içinde işsizlik oranı %20'den fazladır ve yükseköğrenim görmüş gençler arasında bu oran %45'lere yükselmektedir.[24] Pek çok firma ve devlet borçlarını ödeyemeyecek duruma yaklaşmaktadır ve tasarruf planlarına karşı yapılan protestolar Avrupa'nın durumunun güçlüğüne tanıklık eder.

---

24 "Spain Unemployment rate," Index Mundi, http://www.indexmundi.com/spain/unemployment_rate.html

Yeni Ekonomin Yararları

Dr. Michael Laitman

ABD'de de işsizlik çok yüksektir,[25] ulusal borç fırlamış durumdadır.[26] Ekonomik hareket yavaştır ve iyileşmekte güçlük çekmektedir, emlak fiyatları düşmeye devam etmektedir. 2011 içinde, ABD ilk defa hep mükemmel olan borçlanabilme derecesindeki düşüşten[27] zarar gördü ve dünyadaki tüm para pazarları da bundan şiddetle payını aldı.

Bütçe açıklarının artmasından sakınmak için Amerikan borç tavanının yükseltilmesine rağmen ilave devlet yardımları veya vergi kesintileri bütçedeki kısıtlamalara eşlik etme durumundadır. Başka bir seçenek de ekonominin diğer alanlarındaki vergileri yükseltmektir. Krizlerle başa çıkması için başkana verilen sınırsız kredi bitmiştir ve artık Başkan Obama kesintiler yapmak ve kemerleri sıkmak zorundadır. Bu da onun sallantıdaki Amerikan ekonomisini kurtarma yeteneğini sarsmaktadır.

Ek olarak, Amerikan politik sistemi zedelenmiş ve bölünmüştür, yoksulluk yükselmektedir, Amerikan ekonomisinin temel büyüme motoru olan kişisel tüketim sallantıdadır. Amerikan ekonomisi çıkmaza girmiş gibi görünmektedir.

Şimdi Ne Olacak?

Üç yıldan uzun bir süredir dünyadaki ekonomileri ve finans pazarlarını iyileştirmek için yapılan başarısız girişimlerden sonra, günümüzün problemlerine alışılmış ama kesinlikle etkisiz olan çözümleri uygulama eğilimimizi yeniden gözden geçirmemiz gerektiği açıkça bellidir.

---

25 "United States Unemployment Rate," *Trading Economics*, http://www.tradingeconomics.com/unitedstates/unemployment-rate

26 "The Debt to the Penny and Who Holds It," http://www.treasurydirect.gov/NP/BPDLogin?application=np

27 "Instant view: U.S. loses AAA credit rating from S&P," *Reuters (August 5, 2011),* http://www.reuters.com/article/2011/08/06/us-usa-debt-downgrade-view-idUSTRE77504J20110806

Bir yandan her yardım ve iflastan kurtarma planının başarısızlığından, diğer yandan ekonomik ve finansal krizlerin inatla şiddetlenmesinden, mevcut modelin kendini tükettiği sonucuna varabiliriz. Bu nedenle acilen yeni bir model edinmemiz gerekli. Mevcut araçlar krizleri çözmekte başarısız oldular ve başarısız olmaya devam edecekler, çünkü bunlar hepimizin bağımlı olduğu küresel ekonomik-toplumsal ağ yapısı ile başa çıkmak için yetersizdir.

Eğer ekonomik ve finansal sistemlerimizi bu ekonomik ve toplumsal ağ yapısına uyarlarsak, ekonomi bilimi de buna ayak uydurursa ve yeni, ortak sorumluluk ekonomisi niteliklerini benimsersek, ancak böyle krizleri çözmek için gerekli araçları önümüzde göreceğiz.

Küresel krizlerle başa çıkılamaması birçok insanı krizlerin gerçek nedeninin ekonomi değil insan ilişkileri olduğunda anlaşma noktasına getirdi. Bir Der Spiegel röportajında, IMF Genel Başkanı Christine Lagarde, "Durumu ciddi şekilde ağırlaştıran bir güven krizinin var olduğu açıktır," [28] dedi.

Artık birçok kişi kavramların ve değer yargılarının değişmesi gerektiği, kişisel veya ulusal kazancı en fazlaya yükseltmek amaçlı güce dayalı ilişkiler temelinden dayanışma ve birliğe doğru yön değiştirilmesinin gerektiği görüşünde anlaşmakta. Halkın gündemindeki konu insanlar arasındaki ilişkiler, küresel ve birbirine bağlı bir dünyada, bu ilişkilerde düzeltilmesi ve yeniden düzenlenmesi gerekenin ne olduğudur. Ekonomi sadece insanlar arasındaki bu ilişkileri desteklemek ve sürdürmek anlamına gelir, nihayetinde ekonomiyi yaratan insanoğludur, toplumu yaratan ise ekonomi değildir.

---

28 "There Has Been a Clear Crisis of Confidence," *Spiegel Online International* (April 9, 2011), http://www.spiegel.de/international/world/0,1518,784115,00.html

Yeni Ekonomin Yararları

Dr. Michael Laitman

Ekonomi bir doğa kanunu değildir. İnsanoğlunun insanlar arasındaki ilişkileri ve menfaatleri hakkındaki görüş ve düşünceleridir. Bu nedenle ekonomiyi değiştirmek için önce kendimizi ve aramızdaki ilişkileri değiştirmemiz gerek. Her ülkede, yani tüm dünyadaki toplumsal-ekonomik-eğitimsel sistemlerde ortak sorumluluğun temel alınmasında anlaşarak ekonomiyi ve toplumu değişmeye ikna edebiliriz.

Sosyo-ekonomik durumun ciddi olarak kusurlu olduğu sosyal adalete hasret duyulduğu tartışma götürmez. "Sorunun kökünde, tüm sorunlarımızın çözümü olan ortak sorumluluk eksikliğinin yattığını görenlere ne engel olabilir ki?" diye sorulmalıdır.

Bunun cevabı, "Düşünce yapısında yapılacak böyle bir değişikliğin atılacak en pratik adım olduğunu anlamada yetersizlik vardır. Buna, ortak sorumluluk değer yargısını açıklayan ve öğreten bir toplumsal ve kitle iletişimi çevresi yaratarak erişilebilir. Bu değişim olmaksızın hiçbir ekonomik veya toplumsal hizmet planı başarılı olamayacaktır."

Gerçekte tüm kurtarma planlarında tek bir temel unsur eksik: Ortak sorumluluk – başkaları için içten gelen ilgi ve karar verme sürecinde yuvarlak masa tarzı anlayışı, hepimizin birbirine yardım etmesi gerektiği duygusu, ödün verebilmek, tek bir aile gibi olmak. Düşünce yapısında, bu zorunlu değişiklikler yapılmadan, daha önce hiç kullanılmamış gibi gözüken kurtarma planları sürekli olarak başarısız olacaktır.

Dr. Michael Laitman

Yeni Ekonomin Yararları

Ortak Sorumluluğa Dayanan Ekonominin Faydaları

Yeni ortak sorumluluk ekonomisinin birçok üstünlüğü vardır. Devletler arasında ve vatandaş ve devlet arasında, gerçek ve sürdürülebilir bir sosyal adalet olmasına sadece bu imkân verir. Ortak sorumluluk ekonomisi istikrarlı olacak, toplumsal ve ekonomik uçurumların tamamen gönüllü olarak azaltılması ve geçim giderlerinin düşmesi ile nitelenecektir.

Küresel krizlerin bizi zorladığı bu dönüşümün sonundaki ekonomik ve toplumsal sistemleri hayal etmek kolaydır. Haydi, bunlara bir göz atalım.

Ortak sorumluluk ekonomisinde, toplum küresel bağlantılar ağına uyum sağlayacaktır. Bunun sonucunda, finansal balonlar ve sonu olmayan havadan kâr edinme yarışları değişerek yerini sağlıklı, dengeli ve küresel bir ekonomiye bırakacaktır. Bu ekonomide ticaret, üretim, tüketim, artı değer, kaynak ve uluslararası yardım paylaşımı küresel sistemlere dayanır, daha sağlıklı ve daha az talep eden bir yaşam biçimi getirir. Bu, kesinlikle bugün içinde olduğumuz güç yarışının tam bir zıddı olacaktır.

Tek amacı bizi gereksiz mal ve hizmet satın almaya ikna etmek olan reklamlarla ve toplumsal baskı ile beslenen kişisel tüketimin aklı başına dönecektir. Ortak sorumluluk toplumu herkesin refah ve mutluluğundan sorumlu olması ilkesine göre hareket eder ve ekonomi de bundan kökünü bulur. Adil ticaret ortaklığı, gelişme, refah ve sosyal adalete dayalı fon ve kaynak kullanımı, askeri savunma ve silahlar yerine kaynakların adil paylaşımı ile bu toplumun üyeleri arasında ahenk kendini gösterir.

Ülkeler ve şirketler arasındaki kontrolsüz rekabet yerine kamu yararına genel destek hüküm sürecektir.

Yeni Ekonomin Yararları

Dr. Michael Laitman

Ortak Sorumluluğu Destekleyen Bir Ortam Yarattığımız Zaman Ekonomi Değişecektir

İlişkilerimizi daha iyi bir yöne değiştirmenin çözümü, fark gözetmeden çocukları ve yetişkinleri bilgilendirmeye ve eğitmeye dayanır. İnsanların Küresel-Bütünsel dünyaya uyum sağlamasına ve aralarında ortak sorumluluğa erişebilmesine yardımcı olabilecek değişimi destekleyen bir ortam yaratmak zorundayız. Bunun sonucunda, ortak sorumluluk prensibi gelecekteki, politik, toplumsal, ekonomik tüm sistemlere temel olacaktır.

Günümüz araştırmaları[29] çevrenin değer yargılarımız, alışkanlıklarımız ve hatta sağlığımız üzerinde çok ciddi bir etkisi olduğunu göstermektedir. Eğer bütünsel yapıda bir çevre kurarsak, bize bugünkü krizlerle acı veren sosyo-ekonomik sistemi nasıl dayanışma, ortak sorumluluk ve yeryüzüne karşı olan tutumumuza da yansıyan karşılıklı uyuma dayanan yeni bir sistemle değiştireceğimize dair daha açık bir görüş elde edeceğiz.

---

29 En önemli çalışmalar kitap olarak basılmış olan: Connected: The Surprising Power of Our Social Networks and How They Shape Our Lives—How Your Friends' Friends' Friends Affect Everything You Feel, Think, and Do, by Dr. Nicholas A. Christakis and Prof. James Fowler (NY: Back Bay Books, 2011), "Benefits of the New Economy" bölümüne bakınız.

Bir Fırsat Olarak Krizler

Ekonominin ötesinde, bu krizleri insan toplumunda yeni bir devri başlatmak için kullanabiliriz.

Kilit Noktalar

- Küresel krizler insanlığın evrimleşmesinin bir sonucu olarak olmaktadır.

- Krizler yaşamımızın eğitim, aile, ekosistem gibi pek çok alanını etkiledi ama biz bunları gerektiği gibi dile getirmedik. Ekonomik krizlerin patlak vermesi bizi derhal tedbir almaya ve hayatımızı sürdürmeyi sağlama almaya zorlamakta.

- Küreselleşen ve bütünselleşen sistem eski modelleri yetersiz kılmakta. Bu nedenle, Küresel-Bütünsel Dünya'nın yasalarına uygun yeni modeller geliştirmek zorundayız.

- Krizler dünya çapında içsel gözlem yapmak ve bireyler ve ülkeler arası ilişkilerimizi geliştirmek için bir fırsattır.

- Bizi aramızda ortak sorumlulukta birleşmeye zorlayan Küresel-Bütünsel Dünya'nın yasaları ile günümüzde var olan rekabetçi, bireyci ekonomi arasındaki uçurumu kapatmak yoluyla ekonomik refah ve ahenkli bir toplum yaratacağız.

Tıpta bir hastalığın tanısının konulması iyi bir şey olarak kabul edilir. Bu bize sorunu saptama ve tedavi etme olanağı verir. Aynı durum ekonomi için de geçerlidir. Ekonomik ve finansal krizler küreseldir ve dünyadaki tüm ülkeleri fiilen etkilemektedir. Bu krizlerin getireceği toplam hasarı tahmin etmek zordur, çünkü bunların sonu yakın görünmemekte. Oysa bunun, 2008'de başlayan ekonomik darboğazın bir devamı olduğu ve 1930'daki Büyük Ekonomik Buhrandan

beri dünyada ortaya çıkan en büyük ekonomik ve finansal zorluk olduğu ortadadır. Hükümetler, merkez bankaları ve uluslararası finans kuruluşlarının bu gelişmekte ve genişlemekte olan krizlerle nasıl baş edeceği, gezegenimizin geleceği üzerinde çok önemli bir etki yapacaktır.

Her kriz bir fırsat sunar. Bugünün krizi küresel ekonomi ve küresel finans sisteminin durumunu, uluslararası sistem içindeki finansal ilişkilerin durumunun yanı sıra her ülke içindeki toplumsal ilişkileri ve hatta her şirket içindeki ilişkileri sorgulama fırsatı sunmaktadır. İçsel gözlem mutluluktan uçarak geçilen bir süreç değildir. Aksine sıkıntı ve kriz zamanlarında yapılır.

Gerçekte, küresel krizlerin etkisi ekonomi ile sınırlı değil. Eğitimde, boşanma ve aile içi şiddet gibi evsel konularda, ekosistemde ve yeryüzündeki doğal kaynakların azalmasında da krizlerin etkisi vardır. Doğa, zelzele, tsunami, kasırga veya başka doğal afetler bize ne kadar kırılgan olduğumuzu sık sık hatırlatmaktadır. Küresel finansal krizlerin şu anki tehlikeli etkisi, ekonomilerimizin ve toplumlarımızın yer aldığı yapıların temelini tekrar düşünmek için, ideal bir uyanma çağrısıdır.

Küreselleşmenin Ortaya Koyduğu Zorluklar

1930'ların Büyük Buhranı ve klasik ekonominin onun çözülmesindeki başarısızlığı ekonomist John Maynard Keynes'i (1883-1946) Keynesyen modeli geliştirmeye yöneltmişti. Bu model ekonomik büyümeyi güvenceye almak için finans piyasasına devlet müdahalesi olması gerektiğini öne sürer.

Dr. Michael Laitman

Yeni Ekonomin Yararları

Seksen yıl sonra, Keynesyen model başarısız olduğunu kanıtladı. Bu model finansal bir kriz olarak başlayarak gerçek ekonominin dünya çapındaki bir krizine dönüşen bugün işsizlik, ücret indirimi ve toplumsal düzensizlik olarak akseden ekonomik krizi çözemedi. Bilinen eski finansal modellerin başarısızlığı Nobel Ödüllü Joseph Stiglitz'i "Bir anlamda, yalnızca ekonomik kriz yok ama ekonomi de krizde," [30] açıklamasını yapmaya yöneltti.

Ancak yeni bir ekonomik modelin başarılı olması için 21. yüzyılda insan toplumunda ortaya çıkan yeni koşulları hesaba katması gerekir. Dünya parçaları arasındaki karşılıklı bağımlılık ve ortak etkinin büyümekte olduğu küresel bir köy haline geldi. Küresel-Bütünsel bir sistem haline geldik, birbiri ile bağlı unsurlardan oluşan, birbirine bağlı olmak zorunda olan, böylece birbirini etkileyen, gelecek nesilleri etkileyen, çoğunlukla da olumsuz etkileyen.

Bu nedenle, Sürdürülebilir Avrupa Araştırma Enstitüsünün (Sustainable Europe Research Institute (SERI)) raporuna[31] göre, "İnsanlar bugün 30 yıl öncesine göre %50 daha fazla doğal kaynak çıkartıp kullanıyorlar, yılda yaklaşık 60 milyar ton hammadde ... Bugünkü artma eğilimi ile doğal kaynaklar tüketimimiz 2030'a kadar 100 milyar tona kadar artabilir."

---

30 "Short films from the 2011 Lindau Nobel Laureate Meeting in Economic Sciences," The New Palgrave Dictionary of Economics Online, http://www.dictionaryofeconomics.com/resources/news_lindau_meeting (the above-mentioned statement is in Stiglitz's video after 10:05 minutes.

31 "Overconsumption? Our use of the world's natural resources," Sustainable Europe Research Institute (SERI) (September 2009), www.foeeurope.org/publications/2009/Overconsumption_Sep09.pdf

Yeni Ekonomin Yararları

Dr. Michael Laitman

Küreselleşmenin bir diğer olumsuz etkisi, güç ve zenginliğin tek elde yoğunlaşmasıdır. Credit Suisse'in[32] bir basın bültenine göre "Dünya yetişkin nüfusunun %1'inden azı ... küresel zenginliğin %38,5'ine sahip." ABD'nin ve dünyanın pek çok şehrinde 2011 sonbaharında ortaya çıkan İşgal Hareketi'nin (Occupy Movement) özündeki tartışmaları besleyen bu olmuştur.

Küreselleşmenin yan etkileri hakkında çok şey söylendi. Dünya Düzdür: Yirmi birinci yüzyılın kısa tarihi (World Is Flat: A brief history of the twenty-first century) kitabının yazarı Thomas Friedman, 11 Ekim 2011'de The New York Times sütununda[33] küreselleşmenin etkisi üzerine yapılan tartışmaların her iki ucunu da temsil eden iki kuram tanıttı. Birinci kuram Avustralyalı çevreci, Büyük Bozulma (The Great Disruption) kitabının yazarı Paul Gilding'e aittir. Gilding şunu demiştir: "Ben dünyaya bütünleşmiş bir sistem olarak bakıyorum, bu nedenle de bu protestoları, o borç krizlerini, eşitsizliği, ekonomiyi veya iklimin garipleşmesini birbirinden ayrı görmüyorum, tüm sistemimizin acı veren bir çöküş içinde olduğunu görüyorum." Bu Büyük Bozulma ile anlattığı şeydir. Gilding, "Ekonomik büyüme sitemimiz, işlevsiz demokrasimiz, dünya gezegeninin gereğinden fazla yüklenmiş olması – tüm sistemimiz – kendi kendisini canlı canlı yiyor." demiştir.

---

32 "Credit Suisse: Global wealth has soared 14% since 2010 to USD 231 trillion with the strongest growth in emerging markets," Credit Suisse (October 19, 2011), https://www.creditsuisse.com/news/en/media_release.jsp?ns=41874

33 Thomas Friedman, "Something's Happening Here," The New York Times (October 11, 2011), http://www.nytimes.com/2011/10/12/opinion/theres-something-happening-here.html?_r=3&hp

Bunun karşıtı bir kuram John Hagel III'e aittir, Hagel mevcut durumu küreselleşmenin ve Bilişim Devrimi'nin bileşiminden kök bulan "büyük değişim"in başlangıcı olarak görür. Hagel'e göre, bugün insanlığın gelişmeye başladığı zamanının başlangıcıdır, verimsiz kurumları ve uygulamaları kullanmaya devam etmemiz nedeniyle bugün bunu her ne kadar baskı gibi hissetsek bile. Nihayetinde, Hagel'e göre, küresel olarak akan fikirlerin, buluşların ve bu iş birliğinden fayda sağlamak üzere engin fırsatların ortasındayız. Hagel önümüzdeki büyük bir görevin "… bizi bir arada çalışarak daha hızlı öğrenmek ve bireysel ve kolektif olarak gerçek potansiyelimize erişmek üzere hiç bir fedakârlıktan kaçınmamak." Hangi kurama yakınlık duyarsak duyalım, her ikisi de bize krizlerin tam zamanında bize yapılan bir uyandırma çağrısı olarak geldiğini gösteriyor.

Hakikaten, ekonomik ve toplumsal sistemlerimizi bugünün Küresel-Bütünsel sisteminin gereklerine uyarlamaya davet edildik. Ancak potansiyelimizi gerçekleştirmek için bizi bu krizlere getiren düşünce yapımız ve finansal düzenlemelerimizde temel bir değişim yapmamız gerekli. Tıpkı 1930'ların Büyük Buhranın Keynes'i kendi dönemi için daha uygun bir ekonomik modele yönlendirdiği gibi, eğer bugünün krizlerinden daha güçlü olarak çıkmak istiyorsak, biz de mevcut modelimizi küresel ve bütünsel dünya gerçeğine uyarlamak üzere değiştirmek zorundayız. Krizler bugünün dünyasında eski modellerin işlevsiz kaldığını görmemizi engelliyor; buna en iyi örnek kapitalist model.

Küreselleşme Çağında Kapitalizm

Küresel krizler kapitalizmin iki temel ilkesini sınava koydu. Bunlar başarısız görünüyorlar. Bu ilkeler 1) arz ve talep birbirini dengeler, 2) kendi çıkarı için çalışan kişi gerçekte halka fayda sağlar. Konuyu yakalamak için kapitalist düşüncenin başlangıcına dönelim.

Adam Smith, 1776'de yazdığı Milletlerin Zenginliği (The Wealth of Nations) kitabında şöyle der: "Her bir birey … hem kapitalini yerli endüstriyi destekleyecek ve hem de en çok artı değer üretecek yönde kullanmaya çaba gösterir; her bir birey toplumun yıllık kazancını yapabildiği kadar arttırır.

Genellikle ne halkın yararına olanı desteklemek amacındadır ne de bunu ne kadar çok desteklediğinin farkındadır. Yabancı endüstri yerine yerli endüstriyi desteklemeyi tercih ederek yalnızca kendi güvenliğini sağlamak amacındadır; yerli endüstriye en çok artı değer üretecek şekilde yönelerek yalnızca kendi kazancını amaçlamaktadır ve o, pek çok diğer durumlarda da olduğu gibi, görünmez bir el tarafından yönlendirilir, kendi amacında yer almayan bir sonuca doğru teşvik edilir.

Her zaman toplum için en kötüsünün olması da onun amacı değildir. **"Kendi menfaatinin peşinden koşarken sık sık toplumun menfaatini de gerçekte amaçladığından daha etkili biçimde destekler."** [34]

---

34 Koyu baskılı metin bu makalenin yazarı tarafından vurgulanmıştır.

Bunun için Smith şunu ekler: "Bu nedenle zorunlu olarak her ülkede devlet gelirinin ve hammaddenin artması ile ücretle geçinenlere olan talep de artar, bu olmadan da artış olamaz. Devlet gelirinin ve hammaddenin artışı milli zenginliğin artışıdır."

Smith'in "görünmez bir el" tarafından arz ve talebin kendini dengelediği varsayımı kapitalist düşünceyi bugüne kadar getiren tezi, bireyin en çok kazancı sağlama amacının tüm topluma da en büyük kazancı getireceği kuralını yarattı. Ancak günümüz ekonomik düşüncesinin gelişiminin temelini sağlayan, etkin bir Serbest Pazarın önkoşulu olan serbest rekabettir. Bu Pazar sınırsız sayıda üretici ve tüketiciden oluşmalıdır, hepsi gerekli bilgiye sahip olmalı, hiçbiri piyasadaki fiyatlara etkilememeli, mal taşıma maliyeti ticaretin tümüne göre önemsiz olmalı.

Bu koşullar en uygun biçimde kendini bizim küresel dünyamızda gösterdi. Küresel ticaretin gelişmesi piyasadaki üretici ve tüketici sayısını arttırdı ve mal taşıma maliyetini önemli ölçüde azalttı. İnternet yoluyla gelen Bilişim Devrimi rekabetin artmasına önemli katkıda bulundu. Aynı zamanda üretici ve tüketicilere gerekli bilgiyi de sağladı.

Bu gelişmeler olurken insan, Serbest Pazar Ekonomisi'nin en parlak zamanını yaşamasını bekler. Nasıl olur da kendimizi çözümünü göremediğimiz krizlerin içinde buluruz?

Ortaya çıkan küresel krizlerin nedeni şudur: Küreselleşme sırasında bazı klasik varsayımların gerçekleşme şansı artarken, pazar unsurlarının bağlantısı ve karşılıklı etkisi ile ilgili olan diğer bazı varsayımlar temellerini kaybetti. Smith'in düşüncesine göre bu insanların kendi çıkarları için çalıştığı, ne başkalarının refah

Yeni Ekonomin Yararları

Dr. Michael Laitman

ve mutluluğunu etkilediği ne de başkalarından etkilendiği serbest bir rekabet dünyasıdır. Ancak insanlar camdan bir fanus içinde yaşamazlar, onlar refah ve mutlulukları birbirine bağımlı olan toplumsal varlıklardır ve bugün bu karşılıklı bağımlılık, öncesine göre çok daha fazla hissediliyor. Toplumsal ilişkilerin bu etkisi Smith'in kuramında eksik olan bir unsuru ortaya koyar.

Dünyanın geçirdiği bu toplumsal bütünleşmeyi, tüm parçalarının küreselleşme sürecini pek çok araştırma tanımlamaktadır. En çok dikkat çekenler arasında, Bağlantılı: Toplumsal Ağların Şaşırtıcı Gücü ve Hayatımızı Nasıl Belirlediği – Arkadaşlarımızın Arkadaşlarının Duygu, Düşünce ve Yaptıklarımızı Nasıl Etkilediği adlı kitapla ünlü olan Dr. Nicholas A. Christakis ve Profesör James Fowler'ın çalışması vardır. Şu sonuca varmışlardır: "Etkilenmenin toplumsal ağlarda yayılması Etkinin Üç Kademesi diye adlandırdığımız kurala uyar. Yaptığımız veya söylediğimiz her şey ağ içinde dalgalar halinde yayılır, arkadaşlarımızı etkiler (birinci kademe), arkadaşlarımızın arkadaşlarını (ikinci kademe) ve hatta arkadaşlarımızın arkadaşlarının arkadaşlarını (üçüncü kademe) etkiler. ... Biz de aynı şekilde arkadaşlarımızdan bu üç kademe içinde etkileniriz." [35]

Böylece, sağlığımız, refahımız ve mutluluğumuz büyük ölçüde bizden bu üç kademe mesafede bulunanların düşüncelerinin ve yaptıklarının bir fonksiyonudur.

---

[35] Nicholas A. Christakis and James Fowler, *Connected: The Surprising Power of Our Social Networks and How They Shape Our Lives—How Your Friends' Friends' Friends Affect Everything You Feel, Think, and Do* (NY: Back Bay Books, 2011), 26

Dr. Michael Laitman

Yeni Ekonomin Yararları

Benzer durumda, Bonn'daki Avrupa Bütünleşmesi Araştırma Merkezinin Direktörü Profesör Ludger Kühnhardt şunu beyan etti: "21. yüzyıl Viyana Kongresi sonrası döneminin tersine artık sıfır toplamlı oyunun kaybedenlerinin ve kazananlarının dönemi değildir. Tersine, birçok düğümden oluşan bir ağdır."[36]

Dışsal Zararlar

Ekonomik dinamiklerde insanların karşılıklı bağlantısının etkisinin bir örneğine "dışsal zarar" diye ad veriliyor. Bu deyim başkaları tarafından yapılan faaliyetler sonucu bu işle hiç bir ilişkisi olmayanların zararlarını tanımlar. Şöyle ki, eğer bir fabrika yakınındaki bir gölü kirletir ve içindeki balıkları öldürürse, geçimi bu göldeki balıklara bağlı olan balıkçılara zarar vermiş olur. Bu dışsal zarardır.

Bunun geleneksel çözümü otoritelerin denetlemesini gerektirir. Ancak, denetime ve birbirine bağlı ve bağımlı bir dünyada yaşadığımıza dair bir yığın delile rağmen aşırı üretim ve aşırı kirletme çok fazladır. Birbirine bağlı dünyamızda liderlerin ve karar mercilerinin uygulamaya çalıştığı yöntemler dünya çok daha az birbirine bağlı iken kullandıkları yöntemlerle aynıdır.

Bu durumda soru şudur: Karar mercileri küresel krizleri çözme yaklaşımlarını yenilemek zorundalar, ancak onlar bunun farkına varana ve hareket edene kadar vergi yükümlüleri daha ne kadar çok ödeme yapmak zorunda kalacaklardır?

---

36 Ludger Kühnhardt, "A Call for the United States to Rediscover Its Ideals," *The Globalist* (May 24, 2011), http://www.theglobalist.com/StoryId.aspx?StoryId=9149

Yeni Ekonomin Yararları

Dr. Michael Laitman

Gelecekte

Kapitalizmin günümüz krizlerinde ifadesini bulan başarısızlığı, acilen yeni bir ekonomik model kurmak zorunda olduğumuzu gösterir. Ekonomik İşbirliği ve Gelişme Örgütünün (OECD) ve Uluslararası Emek Örgütünün (ILO) başındakiler yakın zamanda bir uyarı yayınladılar: "Dünya çapında toplam işsiz sayısı hâlâ 200 milyondur, Büyük Buhran sırasındaki kayıtlara çok yakındır."[37]

G20 ülkelerinde bile, "Yapılan analizler ... işsizlik oranındaki artış sadece yüzde birin altında (0.8) kalsa bile 2012'nin sonuna kadar G20 ülkelerinde 40 milyon ve 2015'e kadar çok daha büyük sayıda iş eksikliği olacağı konusundaki endişeleri ifade etmekte."

Vahim bir geleceğin ışığında, dünya çapında artan gıda fiyatları ve giderek artan toplumsal huzursuzluklarla artık 21. yüzyılın yeni küresel olarak birbirine bağlı dünyasına uyacak bir modelin gerekli olduğu açıktır. Yeni model bugünün dünyasının bütünsel ve karşılıklı bağımlı yapısını hesaba katmak zorundadır. Eskimiş olan insan bencilliğinin sonunda kamu yararına olacağı kavramı yerine, insanlığı birbirine bağımlı unsurları ile karmaşık bir yapı olarak görmek zorundayız.

Bunun ötesinde krizlerin yayılma hızı bize fırsat tanıyan sürenin bitmekte olduğunu göstermekte. Ödünç alınmış bir zamanı yaşıyoruz, bu dönüşüm için adımlarımızı hızlandırmak zorundayız. Soru sadece şudur: "Bu, ne tür bir dönüşüm olmalı?"

---

37 "ILO warns of major G20 labour market decline in 2012 and serious jobs shortfall by 2015," *International Labor Organization* (September 26, 2011), http://www.ilo.org/global/about-the-ilo/press-and-mediacentre/news/WCMS_163835/lang--en/index.htm

Mümkün olan cevaplardan birisi Dünya Ticaret Örgütü (WTO) Genel Müdürü, Pascal Lamy'nin sözlerinde bulunabilir: [38] "Bugünün gerçek daveti, sadece sistemlerimizi, kurumlarımızı ve politikalarımızı değil düşünme biçimimizi de değiştirmek içindir. Yarattığımız birbiriyle bağlantılı dünyanın uçsuz bucaksız vaadini ve meydan okumasını kavramak için hayal gücüne ihtiyacımız var. Gelecekte daha az değil daha fazla küreselleşme yatmakta, daha fazla iş birliği, insanlar ve kültürler arasında daha fazla ilişki ve hatta sorumluluk ve çıkarların daha çok paylaşımı. Bu 'bizim küresel farklılıklarımızın bir birliği'dir … bugün ihtiyaç duyduğumuz budur."

Sözleri Eyleme Koymak

Yeni dünya insanları yakınlaştırıyor, birbirimizle içten bir dayanışma yapmaya, saldırgan rekabet ve aşırı tüketim üzerine yeniden düşünmeye zorluyor. Bu krizler bizi tekme tokat, bağıra çağıra, Küresel-Bütünsel sistem ile ahenge yönlendiriyor.

Bu Küresel-Bütünsel dünyaya uyum sağlamak için, onun nasıl işlediğini, endüstrinin, bankacılığın ve devlet sistemlerinin tüm unsurlarının nasıl bağlantılı olduğunu araştırmalıyız. Bu nedenle, başarının anahtarı insanları bugünün dünyasının yapısı hakkında bilgilendirecek yeni bir eğitim sisteminde yatmakta. Bu program yalnızca bilgi vermez, yeni iletişim ve insan ilişkilerinin kurallarını uygulamaya da yardım eder, birbirine bağlı bir dünyada hayatta kalmak için toplumsal ilişkilerin nasıl kurulacağını gösterir.

---

38 Pascal Lamy, "Lamy underlines need for 'unity in our global diversity,'" WTO NEWS (June 14, 2011),http://www.wto.org/english/news_e/sppl_e/sppl194_e.htm

Yeni Ekonomin Yararları

Dr. Michael Laitman

Lamy'nin belirttiği gibi insanlığın gelişiminin küreselleşme ve bütünselliğe doğru olacağı kesindir. Eğer bu yeni gerçeklikte aramızdaki ilişkileri ve ekonomiyi buna uyarlamayı öğrenirsek, yeni sistemin kanunları ile ahenk ve dengeye ulaşırız. Bu yeni denge ortak sorumluluk (herkesin diğerlerinin refah ve mutluluğundan sorumlu olması), toplumsal dayanışma, herkes için gerçek özgür eğitim, doğal kaynaklarımızın kullanımının çerçevesinin yeniden belirlenmesi ve küresel ekonomide ahenkten oluşacaktır.

Dünyanın algısında bugünkü bakış açımızı devam ettirdiğimiz sürece, bu dünyanın içinden geçmekte olduğu değişikliği anlayamayız. Ancak kendimizi yeniden eğitirsek, yeni gerçekliği öğrenirsek, bizden istenen değişikliğin nedenini ve yapısını anlarız. Eğitim yoluyla her kademede bizi ayıran unsurların üstesinden gelmek ve ortak sorumluluk bağlarını araştırmak gerektiğini kavrarız. Buna eriştiğimiz zaman yeni gerçekliğin çok büyük bir fırsat olduğunu da keşfedeceğiz. Düşüncelerimizin değişmesi başarımızın ve küresel refahın anahtarıdır. Bu küresel krizler olmasaydı, böyle bir değişimi ne arzu eder ne de uygun bulurduk.

Ekonomik Araştırmalar Zenginlik Eşittir Mutluluk Formülüne Başkaldırıyor

Mutluluğun anahtarı zenginlik değil, aramızdaki ortak güvencedir.

Kilit Noktalar

• Araştırmalar kanıtladı ki belli bir gelirin üstünde, buna eklenen gelir mutlaka mutluluk getirmiyor.

• Kendimize belirlediğimiz bir amaca eriştiğimiz zaman mutluluk kısa ve geçici oluyor.

• Kişisel refah ve mutluluğu, yaşam kalitesini gayrisafi hasılanın büyümesi ile ölçmek gerçeği çarpıtıyor.

Dr. Michael Laitman

Yeni Ekonomin Yararları

- İnsan ilişkileri gibi başka ölçütler kişisel mutluluğu daha başarılı ifade ediyor.
- Ortak sorumluluk ve toplumsal dayanışmaya yönelik eğitim insan ilişkilerini değiştirecektir.

Mutluluğu Araştırmak

"Para mutluluk getirmez," atasözü birçok ekonomi ve psikoloji araştırması tarafından doğrulandı. Endüstrileşmiş ülkelerde hayat standardı ve zenginlik artmasına rağmen mutluluk seviyesi gelişmemektedir. 1974'de Güney Kaliforniya Üniversitesi, Ekonomi Bilimleri Profesörü Richard A. Easterlin çığr açan bir çalışma yayınladı.

"Ekonomik Büyüme İnsanın Kısmetini Geliştiriyor mu?"[39] adlı bu yayın mutluluk ekonomisinde "Easterlin Paradoksu" diye adlandırılan temel bir kavram oluşturdu. Bu paradoks uluslararası karşılaştırmalarda bildirilen ortalama mutluluk seviyesinin kişi başına düşen ulusal gelire göre çok büyük bir fark göstermediğini ileri sürer, bu en azından temel ihtiyaçları karşılamak için yeterli kişi başına gelire sahip ülkeler için böyledir. Easterlin kişisel mutluluğun insanların mutlak gelirine değil, göreceli gelirine dayandığını savunur. İnsanlar fakir oldukları için değil, kendilerini ölçtükleri ölçeğin en altında oldukları veya böyle algıladıkları için mutsuz olurlar. Dünya Gözlem Enstitüsü tarafından 2004'de yayınlanan aşağıdaki diyagramda ortalama gelir ile 1957-2002'de ABD'deki mutluluğun karşılaştırılması gösterilmektedir.[40]

---

39 Richard A. Easterlin, "Does Economic Growth Improve the Human Lot? Some Empirical Evidence," University of Pennsylvania (1974), http://graphics8.nytimes.com/images/2008/04/16/business/Easterlin1974.pdf

40 Brian Halweil and Lisa Mastny (project directors), State of the World 2004: AWorldwatch Institute Report on Progress Toward a Sustainable Society, Linda Starke,Editor (N.Y., W.W. Norton & Company, Inc., 2004), http://ecweb.elthamcollege.vic.edu.au/snrlibrary/resources/subjects/geography/world_watch_institute/pdf/ESW040.pdf,Figure 8-1, p 166

Yeni Ekonomin Yararları

Dr. Michael Laitman

Ekonomideki başarının sadece Gayrisafi Milli Hasıla'nın (GSYIH) büyümesi ve bununla ilgili parametreler ile ölçüleceğinden şüphe eden tek kişi Easterlin değildir. TED'de, verdiği Yayılmaya Değer Fikirler[41] başlıklı bir derste Yeni Ekonomide Refah ve Mutluluk Merkezinin (NEF) kurucusu Nic Marks, mutluluğun nasıl ölçüleceği ile ilgili çok çarpıcı bazı iddialarda bulundu. "Bizim ilerlemeyi ölçüşümüz ne kadar çılgınca, toplumun ilerlemesini ölçerken hayatı gerçekten yaşamaya değer yapan şey (refah ve mutluluk) dışında her şeyi ölçüyoruz. Karşılaştığımız problemlerden birisi ... sadece piyasanın finansal anlamda gelişmesini dikkate alan kişiler için gelişmenin tanımı sadece ekonomik bir tanımdır ... bu eğer bir şekilde doğru rakamları yukarı çekersek daha iyi olacağız ... bir şekilde hayat daha iyi olacak demektir. Bu, insanın açgözlülüğüne hoş gelir ... daha fazla olursa daha iyi demektir. Haydi ama. Batı dünyasında yeteri kadar her şeyimiz var."

Ekonomik Modeli Gözden Geçirmek İçin Bir Fırsat Olarak Krizler

Bu küresel kriz günlerinde mutluluğun araştırılmasına bugün her zamankinden daha fazla ilgi var. Zenginlik = mutluluk formülü mevcut ekonomik modellerin temelidir. Büyük ölçüde yaşama biçimimizi belirler, aramızdaki ilişkileri ve vatandaş devlet ilişkisini belirler. Büyük ölçüde zenginlik = mutluluk inancı tüm uluslararası ekonomik sistemin yapısını da etkiler.

---

41 Nic Marks, "The Happy Planet Index," TED, Ideas Worth Spreading (July 2010),http://www.ted.com/talks/nic_marks_the_happy_planet_index.html

Her üniversite öğrencisi "sınırlı bir bütçe içinde en fazla fayda sağlamak" deyiminin eldeki belirli miktardaki parayla maksimim mutluluk elde etmek anlamına geldiğini öğrenir. Günümüzün krizleri, geçerli ekonomik model ve var olan yaşam tarzlarının, gerçekten amaçlarına erişip erişmediğini ve insanlara mutluluk sağlayıp sağlamadığını gözden geçirmek için bir fırsattır.

Amerikan Rüyası'na Karşı Gerçeklik

Amerikalı tarihçi ve yazar James Truslow Adams 1931 yazdığı Amerika Destanı adlı kitabında ilk defa "Amerikan Rüyası" deyimini kullandı. Şöyle yazdı: "Kişilerin kendi yeteneklerine ve başarısına uygun fırsatlar olursa herkes için hayat daha iyi, daha zengin ve daha dolu olacaktır."[42]

Bu rüya sadece Amerika'daki değil, dünyanın her yerindeki milyarlarca yetişkin ve çocuğun özlemi haline geldi. Bu rüya her ailenin iyi bir mahallede müstakil bir evi, iki tane arabası ve ileriki yıllar için bol miktarda birikmiş parası olması inancı olarak çevrilebilir. Bu rüyaya göre, Amerika'ya yeni varan herkes, eğer yeteri kadar sıkı çalışırsa zengin ve başarılı olabilir.

Ne yazık ki bugünün gerçeği Amerikan Rüyası değil. Gerçekte on milyonlarca Amerikalı iş bulamadığı için sıkı çalışamaz ve rüyasını gerçekleştiremez durumda. Sağlık ve sosyal yardım sistemleri o kadar eşitliksiz ve çarpıktır ki, sadece sosyo-ekonomik eşitsizliğin sürdürülmesine hizmet ederler. Gerçekte, geri kalanlar fakirlikle mücadele ederken sadece birkaç kişi Amerikan Rüyası'nı gerçekleştirir.

---

42 James Truslow Adams, *The Epic of America* (U.S.A. Taylor & Francis, 1935), 415

Yeni Ekonomin Yararları

Dr. Michael Laitman

Ama Amerikan Rüyası ile ilgili en şaşırtıcı şey yalnızca birkaç kişinin bu rüyayı gerçekleştirmesi değil, ama başaranların bile daha mutlu olmadıkları gerçeğidir!

Mutluluk – Pozitif Bir Bilim Değildir

Organize davranış konusunda doktora derecesi olan Tal Ben Shahar, pozitif psikoloji ve önderlik konularında ünlü bir eğitmen ve yazardır. Olumsuz duyguların kökünün içsel olduğunu iddia eder, yanlış bir mutluluk kavramı uzun süren bir hayal kırıklığına neden olur. İsrail gazetesi Calcalist'in yaptığı bir röportajda söyle der: "Başarılı kişiler genellikle daha yüksek derecede depresyon veya memnuniyetsizlik yaşarlar. Bunun temel nedeni, çoğumuzun içinde işleyen mekanizmadır. Bir şey elde ettiğimiz zaman- işte yükseliş, yeni araba veya yeni ev- mutlu olacağımızı düşünürüz. Böylece de hep bir şeylerin peşinde koşma duygusu içinde yaşarız. Sorun şudur ki, amaçladığımız hedefe eriştiğimiz zaman elde ettiğimiz tatmin duygusu geçici ve kısa sürelidir. Mutluluk seviyesinde bir yükselişi yaşarız ve çabucak istediğimiz şeyi elde etmeden önceki yere geri döneriz, bundan başka şimdi bir de hayal kırıklığı ve bazen de kayıp duygusu hissederiz. Bu mutluluk mekanizması özünden yanlıştır. Tersine bizi daha da mutsuz yapar, özellikle de istediğimizi elde ettiğimiz zaman."[43]

Komşunun Tavuğu

Gelir ve mutluluk arasındaki uçurumun bir başka nedeni de kendimizi başkaları ile ölçeriz, bilindiği gibi "komşunun tavuğu kaz görünür."

---

43 Tal Ben Shahar, "Our Happiness Scheme is Wrong, and Then Comes Frustration, Calcalist (April 17, 2011), http://www.calcalist.co.il/local/articles/0,7340,L-3515186,00.html

Dr. Michael Laitman

Davranışsal ekonomi bilimindeki pek çok araştırma insanların kendilerini başkaları ile karşılaştırdığı zaman mantıksız davrandıklarını gösterir. Ekonomist David Hemenway ve Sara Solnick Harvard Üniversitesindeki bir araştırmada insanların, başkaları yılda 25.000$ kazanıyorsa 50.000$ kazanmak istediklerini ama başkaları 50.000$ kazanıyorsa o zaman 100.000$ kazanmak istediklerini ve eğer başkaları 100.000$ kazanıyorsa o zaman da 200.000$ kazanmak istediklerini göstermişlerdir.[44] Benzer olarak ekonomist Daniel Zizzo ve Andrew Oswald yaptıkları bir araştırmada insanların eğer yaptıkları başka birisinin biraz daha çok paradan vazgeçmesine neden oluyorsa paradan vazgeçtiklerini göstermiştir.[45]

Zenginlik Parasal Güvence Demektir Değil mi?

İyi bir geliri olan kişinin iki yakasını zor bir araya getiren biri ile karşılaştırıldığında daha az endişesi var mıdır, diye belirlemek için araştırmalar yapılmıştır. Sonuç çok ilginçtir. Princeton Üniversitesi Davranış Ekonomisi Profesörü Talya Miron-Shatz, kişilerin gelir seviyesi ile parasal güvence duygusu arasındaki bağlantıyı denemeye koymuştur. Şunu bulmuştur: "Parasal güvencenin kişinin yaşamsal tatminine kişinin gelirinin ötesinde katkıda bulunduğu öngörülür."[46]

---

44 Solnick, S.J., & Hemenway, D., (1998). "Is more always better? A survey on positional concerns." Journal of Economic Behavior & Organization, 37 (3), 373-383.

45 The study is quoted in an online essay, "Misery Loves Company: Recession Edition," in the blog, Macro and Other Market Musings (December 27, 2008), http://macromarketmusings.blogspot.com/2008/12/misery-lovescompany-recession-edition

46 Talya Miron-Shatz, "Am I going to be happy and financially stable?': How American women feel when they think about financial security," Judgment and Decision Making, vol. 4, no. 1, February 2009, Princeton University, pp. 102-112 (http://journal.sjdm.org/9118/jdm9118.html#note1)

Dr. Michael Laitman

Dünya Değişiyor, Mutluluk Algısı da Değişiyor mu?

Yukarıda söz edilen ve pek çok başka çalışmadan çıkan bulgular, en temel toplum kurallarını zorlamakta. Mevcut para = mutluluk formülünün doğru olmadığını iyice anlamaya başladık. Tersine zenginlik peşinde koşmak hayal kırıklığına neden olur, sağlığa zarar verir ve rekabet ve kendi-merkezliliği geliştirerek başkaları ile ilişkilerimizi zedeler. Düşünce biçimimiz bireyci ve rekabetçi olandan daha dengeli ve çevremizle ve başkaları ile daha ahenkli olmaya doğru değişmeye başladı.

Tüketici olarak davranışımız, paraya karşı olan tavrımız ve paralı olmaya atfettiğimiz tatminler, içinde yaşadığımız küresel ve karşılıklı olarak bağlantılı gerçekliğe uyarlanmaya başladı, bu gerçeklikte küresel bir bilmecenin parçaları gibi birbirimize bağlıyız ve birbirini etkileriz. "Küresel-Bütünsel" diye adlandırdığımız bu sistemde tüketimi özendiren değer yargılarının ve tüketim maddelerinin peşinde koşmanın boş olduğunu hissetmeye başladık. Para kazanmak için uğraşan ve paranın mutluluk demek olduğuna inananlar, dünya Küresel-Bütünsel bir üniteye dönüştüğü için mutlu olmak için artık geleneksel yöntemlerin geçerli olmadığını anlamaya başladılar. Bu nedenle, eğer başkalarının mutluluğuna bağlı değilse mutluluğa erişemeyiz ve başkalarının mutsuzluğu pahasına mutluluğa asla erişemeyiz.

Dr. Michael Laitman

Yeni Ekonomin Yararları

Kapitalizm ve Mutluluk – Zannettiğimiz Gibi Değil

20 Ocak 2011'de, İngiltere Lordlar Kamarası üyesi, Politik Ekonomi Profesörü, ekonomist John Maynard'ın biyografisi yazarı olarak ödül kazanmış olan Robert Skidelsky şöyle yazdı: [47]"Kapitalizm daha iyi bir hayat yaratmak üzere olan potansiyelini tamamlamaya yakın olabilir, en azından gelişmiş ülkelerde. 'Daha iyi ile maddeseli değil, ahlaki olanı kastettim. … Kıtlıkla başa çıkmak için çok iyi bir sistemdi ve sistemdir. Üretimi verimli biçimde düzenleyerek ve bunu güce değil refaha yönlendirerek dünyanın büyük bir bölümünü fakirlikten kurtardı.

"Ama kıtlığın fazlalığa döndüğü böyle bir sistemde ne olur? Yine de yavan istekleri yeni ıvır zıvır şeyler, heyecan verici ve etkileyici şeylerle uyarmaya çalışarak aynı şeyi daha çok üretmeye devam mı eder? Bu daha ne kadar sürebilir? Gelecek yüzyılı abesle iştigal ederek mi geçireceğiz? ….

"Tarihte 'kapitalizm ruhu' insanın işleri arasına oldukça geç girdi. Daha önceleri … Hayatını para kazanmaya adayan bir kişiye iyi bir rol modeli olarak bakılmazdı. … Sadece 18'inci yüzyılda bu açgözlülük ahlaksal olarak saygınlık kazandı … Bu her zaman paranın konuştuğu Amerikan hayat tarzına ilham oldu.

"Kapitalizmin sonu kısaca bu konuşmayı dinleme dürtüsünün sona ermesi anlamına gelir. İnsanlar hep daha fazlasını istemek yerine, neleri varsa onun keyfini çıkarmaya başlayacak. … Daha fazla insanın olanı yeterli bulmasıyla, kazanç edinme ruhunun toplumsal takdirini kaybedeceği beklenebilir. Kapitalizm işini yaptı, kazanç güdüsü sabıkalılar arşivindeki yerine geri dönebilir.

---

47 Robert Skidelsky, "Life after Capitalism," Project Syndicate (January 20, 2011), http://www.projectsyndicate.org/commentary/skidelsky37/English

Yeni Ekonomin Yararları
Dr. Michael Laitman

"… Bulgular eğer zenginlik ve gelir daha eşit bir şekilde dağılırsa, ekonominin daha istikrarlı, vatandaşların daha mutlu olacağını gösterir. Büyük gelir eşitsizliğinin insanları daha verimli olmaya teşvik etme ekonomik gerekçesi, büyümenin bu kadar önemli olması sona erdiğinde, çöker.

"Muhtemelen sosyalizm kapitalizmin alternatifi değil, onun varisiydi. Toprağı, zenginin malını kamulaştırarak değil, daha fazla servet biriktirmekle ilgili olmayan davranış tarzı için isteklendirme ve destek sağlayarak miras alacaktır."

İnsan İlişkilerinin Yansıması Olarak Ekonomi

Büyük bir gelirin daha çok mutluluk anlamına geldiği varsayımının gerçeği yansıtmamasının nedeni, ekonomide insan unsurunun bir belirleyici olduğunu unutmamızdandır. Bu karmaşık bir unsurdur, tam olarak bir bilim değildir. Dahası, insan unsurunu ölçmek zordur.

Davranış ekonomisi insanın akıllı bir makine olmadığını zaten ispatlamıştı. 1979'da Profesör Daniel Kahneman ve Profesör Amos Tversky "Olasılık" kuramını sundular, bununla Kahneman ekonomi alanında Nobel ödülü aldı (Tversky'nin ölümünden 6 yıl sonra). Araştırmaları insanların gelecekteki sonuçların belli olmadığı karmaşık karar alma durumlarını analiz etmekten aciz olduklarını gösterdi. Bunun yerine anlamlı gibi görünen kısa yollara bel bağlıyorlar veya birkaçı da altta yatan ihtimalleri el yordamı ile değerlendiriyor.[48]

---

48 Daniel Kahneman, Encyclopædia Britannica, http://www.britannica.com/EBchecked/topic/891306/Daniel-Kahneman

Yukarıda sözü edilen Hemenway ve Solnick'in yaptığı ve pek çok başka araştırma, ekonominin insan ilişkilerini dikkate aldığını ve olabildiğince insanların işlerini nasıl yönettiklerini araştırdığını gösterir.

Çözüm – Ortak Sorumluluğa Dayanan İlişkiler

Pek çok göstergeye göre insanoğlu devrilme noktasına erişti. Çaresizlik ve depresyon dünya çapında çok yaygınlaştı. Avrupa'da, bir araştırma, "Avrupalıların neredeyse %40'ının akıl hastası," olduğunu gösteriyor.[49]

Uyuşturucu ve alkol kullanımı artmakta ve Batı dünyasında boşanma oranı tavana vurmuş durumda. Veriler ümitsiz, güvensiz ve kötümser, hatta çocuklarımızın bizden daha iyi bir hayatı olacağı beklentisinde bile kötümser bir hale geldiğimizi açıkça gösteriyor.[50] Bu eğilim yıllardır var, ekonomide daha iyimser olunan yıllarda bile vardı, ama bu son krizler kötümserlik eğilimini hızlandırmakta ve yoğunlaştırmakta.

Peki, bizi ne mutlu edebilir? Herkesin, beslenme, giyecek, konut, sağlık ve eğitim gibi yaşamın gereklerini karşılamasına imkân veren yaşamaya değer bir gelire ihtiyacı olduğu açıktır. Yukarıda da gösterildiği üzere, refah ve mutlulukta bunun ötesinde bir artış kişisel serveti arttırmakla değil, ancak insan ilişkilerini geliştirmekle mümkündür.

---

[49] "Fast 40 Prozent der Europäer sind psychisch krank" (translation: "Nearly 40 percent of Europeans are mentally ill"), Der Spiegel (September 5, 2011), http://www.spiegel.de/wissenschaft/medizin/0,1518,784400,00.html

[50] Toby Helm, "Most Britons believe children will have worse lives than their parents – poll," The Guardian (December 3, 2011), http://www.guardian.co.uk/society/2011/dec/03/britons-children-lives-parentspoll?INTCMP=SRCH

Yeni Ekonomin Yararları

Dr. Michael Laitman

Yabancılaşma tutumundan, herkesin bir diğerinin refahına ve mutluluğuna kefil olduğu, ortak sorumluluğu göz önüne alan bir tutuma değişmemiz gereklidir.

Küreselleşmiş ve tamamen bütünsel bir dünya ile olan ilişkilerimizi ona göre düzenlemeliyiz. Toplumsal ve ekonomik sistemlerin ve insan ilişkilerinin karşılıklı ilgi ve özen göstermeye, dikkate alma ve ortak sorumluluğa dayalı olduğunu hissetme konumuna gelmek zorundayız. İnsanlar kendilerini sömürülmeyecek veya kötüye kullanılmayacaklarından emin hissettikleri zaman başkalarına karşı savunma duvarlarını kaldırırlar. Başka bir deyişle, mutlu olmak için ortak sorumluluğa ihtiyacımız var, ortak sorumluluk para ile satın alınamaz.

Yukarıda sunduğumuz ve onlara benzer başka çalışmaların önemi, zenginliğin mutluluğun önkoşulu olmadığını ispatlamalarıdır. Aksine, karşılıklı dikkate alma, ilgi, özen, ortak sorumluluk ve finansal güvenlik mutluluğa erişmek için sadece zengin olmaktan çok daha iyi araçlardır. Eğer dayanışma, başkalarına özen göstermek ve ortak sorumluluk değerlerini aşılayan bir ortam yaratabilirsek, toplumdaki her bireyin kişisel mutluluk seviyesini yükseltebileceğiz. Bu nedenle ortak sorumluluk çok önemlidir.

Eşit doğmadık, bazımız daha akıllı, bazımız daha güçlü, bazımız daha zengin, bazımız daha sağlıklı. Toplum bize başkaları ile rekabet etmemizi, para ve kaynak olarak onları geçmemizi söylemeye devam ettiği sürece, sosyal eşitliğe erişemeyeceğiz, Küresel-Bütünsel bir dünyada sosyal eşitlik ve ortak sorumluluk kişisel mutluluğun önkoşuludur. Dünyamızda akılsal, duygusal, ekonomik ve finansal sorunları çözmek için, ortak sorumluluk ağına dayalı bir toplum yaratmak zorundayız, herkesin toplumun

işlerinde yer aldığı ve ondan yaşaması için makul olan desteği aldığı bir toplum. Böyle bir toplum yarattığımız zaman, bu gerçek bir eşitliğe imkân verecek, eşitsizlik ve bugünün toplumsal havasında yer alan ahlaksızlık duygusu tamamen gidecektir.

Çözümün temelinde maddiyatçılığın ve rekabetçiliğin yerine cömertlik, başkalarını düşünme ve karşılıklı özen gösterme gibi değer yargılarının yerleştirilmesi yatmaktadır. Bu, mutluluk duygusunu da artıracaktır. Yalnızca, ortak sorumluluk ilkesine göre kendini idare eden bir toplum içinde tüm potansiyelimizi kullanmanın mümkün olacağını keşfedeceğiz. Ahenkli bir toplum içinde yaşıyor olmanın vereceği tatmin, itimat ve güven özlemini çektiğimiz ve para yoluyla erişemediğimiz mutluluğu bize getirecektir.

Yeni Ekonomide Dengeli Tüketime Doğru

Aşırı-tüketim ve bunun kötülükleri, dengeli işlevsel bir tüketime ve daha sağlıklı bir yaşama biçimine yerini bırakacak.

Kilit Noktalar

- Son 50 yıl boyunca, tüketicinin tüketimi yaşamlarımızın temel unsuru haline geldi. Bugün bu sosyal statümüzü belirler.

- Uluslararası dev ortaklıklar ve aynı zamanda da kendi kazançlarını arttırmak için çalışan reklam endüstrisi "tüketimi özendirme" diye bilinen bir tüketim kültürü yarattı ve bizi modern kölelere çevirdi.

- Tüketimi özendirmenin anlamsız yarışı hayatımızı birçok yönden olumsuz etkiler; beden ve akıl sağlığımızı, aile bağlarımızı, boş zamanımızı ve çevremizi.

- Çözüm, sonrasında pek çok marka ve ürünün ortadan kaybolacağı, dengeli ve işlevsel tüketime geçmektir.

- Dengeli bir tüketime geçiş dengeli ve işlevsel bir ekonominin yapısal değişiminin bir parçasıdır, burada hem ekonomi hem de dengeli tüketim ortak sorumluluk ve toplumsal dayanışma değerleri üzerine kuruludur.

- İşlevsel bir ekonomi ve dengeli tüketim makul gereksinimlerimizi karşılayacaktır. Zamanın ve kaynakların boşa çıkmasıyla insanlar kişisel ve toplumsal potansiyellerini gerçekleştirebilecek, ahenkli ve sürdürülebilir bir hayatı koruyabilecekler.

- Bilgi ve eğitim sağlamamız ve destekleyici bir ortam yaratmamız, ortak sorumlulukta birleşmek için gereklidir.

Tüketimden Tüketimin Özendirilmesine

"Tüketim" deyimi, insanın ihtiyaçlarını tatmin etmek için, "mal ve hizmet kullanıp harcaması" olarak tanımlanır. Neoklasik ekonomiye göre, birey daha çok kazandıkça daha çok harcar. Ekonomik kuram homo-ekonomicus'un (ekonomik insanın) davranışlarıyla ve insanın çevresi ile olan ilişkisi ile ilgilenir.

Akılcı Seçim Kuramı[51] bireyleri, çıkarlarını koruyan, kişisel kazançları artırmak amacı ile objektif kararlar almak için gerekli her türlü araca ve sağduyuya sahip akılcı varlıklar olarak sunar. Ama aslında bu varsayımlar gerçekleşmez. Davranış ekonomisinde son yapılan çalışmalar, insanın akılcı davranmadığını gösterir.

Uluslararası davranış ekonomisi uzmanı Prof. Dan Ariely, Tahmin Edilebilir Akıldışılık: Kararlarımızı etkileyen

Dr. Michael Laitman

Yeni Ekonomin Yararları

Gizli Kuvvetler (Predictably Irrational: The Hidden Forces That Shape Our Decisions) adlı kitabında, böyle pek çok mantıksız davranış hadisesini tasvir eder. Örneklerden biri, 25$'a mal olan bir kalemde yedi dolar tasarruf etmek için 15 dakikalık araba sürmeye razı olan, fakat 455$'lık bir takım elbisede aynı yedi doları tasarruf etmek için 15 dakikalık araba sürmeye razı olmayan bir kişiyle ilgilidir.[52]

Özlemlerimiz, teknolojik ve endüstriyel gelişmenin yanı sıra büyümüştür. Zaman içinde dünya ayrıca adı "Tüketimi Özendirme" olan "Tüketim Kültürünü" benimsedi. Bu, temel ihtiyaçları karşılamak için değil, sosyal statü edinmek için olan mal ve hizmet alışverişi anlamına gelir. Böylece ürün kişinin sosyal statüsünün bir sembolü haline gelir, ürünün kendisi ve kullanılabilirliği çok az önem taşır. Ürünü satın almak alıcıya gerçekte onu kullanmaktan daha çok keyif verebilir.

Günümüzün tüketim toplumunda, tüketim hayatımızın amacı haline gelirken, mutluluk da kişinin tüketim seviyesinin bir fonksiyonu halini aldı.

---

51 John Scott, "Rational Choice Theory," from Understanding Contemporary Society: Theories of The Present, edited by G. Browning, A. Halcli, and F. Webster. (U.K.,Sage Publications, 2000),
http://www.soc.iastate.edu/sapp/soc401rationalchoice.pdf

52 Dan Ariely, Predictably Irrational: The Hidden Forces That Shape Our Decisions (NY, HarperCollins Publishers, 2008), 20.

Yeni Ekonomin Yararları

Dr. Michael Laitman

Amerikalı bir konsept sanatçısı, Modern Sanatlar Müzesi'nde, kağıttan bir alışveriş poşeti üzerine Descartes'in insanın özünü tanımlayan ünlü "Düşünüyorum o halde varım," deyişini yeniden yorumlayarak "Alışveriş ediyorum o halde varım," diye yazarak tüketim toplumu için bir anıt yaptı. İnsan zorlayıcı dürtülerle alışveriş yapan bir tüketici haline geldi, yeni vakit geçirmesi alışveriş ile. Abartılmış tüketim bir kültür, günümüz toplumunun en belirleyici karakteristiği haline geldi.

Aşırı Tüketimden Kim Kâr Ediyor?

Tüketimi özendirme dev ortaklıklar, reklam şirketleri ve medya tarafından büyük bir gayretle teşvik edildi, amaç kârı yükseltmek için mümkün olduğu kadar çok ürün satmak.

Bankacılık ve finansman sistemleri ısrarla bu sistemin sürmesi için müşterilere, üreticilere ve reklamcılara göstermelik ucuz krediler verdiler. Ülkeler tüketim zincirindeki her halkadan vergi kestikleri için tüketimin özendirilmesi ulusal bütçelere de önemli bir gelir yaratır. Hatta öyle olur ki, hükümetler aşırı tüketimi destekleyen ve bunun artışını özendiren bir unsur haline gelir. Hükümetler bu işe ekonomik nedenlerle girişir, çünkü bolluk duygusu ve çok sayıdaki olanaklar vatandaşı, hükümetin çalışması hakkında daha çok tatmin eder ve böylece de onların yeniden seçilme şansını arttırır.

İngiltere'deki Surrey Üniversitesinde Sürdürülebilir Gelişme Profesörü Tim Jackson'a göre, "Bu, bizler hakkındaki, önem vermediğimiz insanlar üzerinde kalıcı olmayan bir etki yaratmak için olmayan paramızı ihtiyacımız olmayan şeylere sarf etmeye ikna edilmiş olan insanlar hakkındaki bir hikâyedir."[53]

Buna en önemli örnek ABD'dir; kişisel tüketimi ve bunu yapılandıran ve koruyan sistemleri "kutsar". Kişisel tüketim GSYİH'nın (gayrisafi yurtiçi hasılanın) yaklaşık %70'ini oluşturur. Bu, Amerikan ekonomisinin en başta gelen büyüme motoru haline gelmiştir.

"Tüketimi özendirme" deyimi "temiz" gibi görünebilir, hatta az gelişmiş ülkeler için arzu da edilebilir, ama kısacası alışverişe ve yüzeysel değerlere bağımlılığı, finansal pervasızlığı, öncelikleri belirlemedeki tartışmalı bir ahlakı nazikçe ifade eden bir deyimdir. Su ve enerji gibi doğal kaynaklarımızı gereksiz şeyler üretmek için tüketip kuruttuk. Sonuçta bize geçici tatminler sağlayan gereksiz şeyler satın alan paranın peşinden koşarak daha uzun saatler çalışıyoruz.

Çalışma hayatımızı "çirkin ayak oyunları" veya "modern kölelik" olarak adlandırıyoruz. Bizler marka isimleri ile iletişim kurmaya alışkın, onları sosyal ve finansal durumumuzu ortaya çıkarmak amacıyla kullanan bir şekilde yetiştirildik. Hangi markayı satın aldığı ve bundan kaç tane aldığı kişinin yaşama standardının göstergesi haline geldi. Bunu başkaları hakkında bilgi edinmek için kullanıyoruz; neyi satın alabilirler, neyi severler, hangi sosyal ortamdalar vb.

---

53 Tim Jackson, "Tim Jackson's economic reality check," TED, Ideas Worth Spreading (October 2010),http://www.ted.com/talks/tim_jackson_s_economic_reality_check.html

Yeni Ekonomin Yararları

Dr. Michael Laitman

Daha Fazla Satın Almak, Daha Az Tasarruf Yapmak

Global Finance dergisine göre, "ABD'de ailenin harcanabilir gelirlerine göre tasarruf oranı 1992'de 7,3 iken 2007'de finansal krizlerin başlangıcında 1,7 ye düşmüştür."[54] İnsanlar tasarruflarını reklam endüstrisinin tam desteği ile "oyunda kalmak" için boşa israf ediyor, hatta borçlarını arttırıyorlar.

Bu kadar olumsuz bir tasarruf oranının çok ciddi toplumsal ve finansal geri tepmeleri olmaktadır. Finansal güvenliğimizden taviz verildiğinde bu, kriz zamanı patlayacak bir saatli bombaya döner. Kara günler geldiğinde kendimizi çok az veya hiç olmayan tasarrufumuzla baş başa buluruz ama gene de gereksiz tüketimimiz için aldığımız borçları ödemek zorundayızdır. Böyle bir dönüş olduğu zaman, insanlar aşırı tüketimlerini derhal keserler, bu da şirketlerin iş gücünden kesinti yapmalarına yol açar. Böylece, devletin vergilerden gelen geliri düşüşe geçer ve krizler çabucak hızlanır.

---

54 Tina Aridas, "Household Saving Rates," *Global Finance*, http://www.gfmag.com/tools/global-database/economicdata/10396-household-saving-rates.html#axzz1bQlyYiFq

Dr. Michael Laitman

Yeni Ekonomin Yararları

Amerikalıların Pervasız Tüketimini Yüzünden 2008 Krizi

Patlayan böyle bir saatli bombaya klasik bir örnek 21'inci yüzyıl boyunca şişirilmiş olan emlak balonudur. 2008 yılına kadar bankalar, insanları, geri ödemeye güçleri yetmese bile, kredi almaya özendiriyordu. Başvuranların %100'üne kredi vererek ev almalarına olanak verdiler, bu da emlak piyasasında çok büyük bir talep yarattı.

Bankalar bununla da kalmadılar. Ev satın alanları borçlarını yeniden finanse etmeye ve evlerini teminat göstererek daha fazla kredi almaya ikna ettiler. O sıralar, piyasada ev fiyatlarının artışı bankalara tüketimi arttırmakta yardım etti. Çok büyük miktardaki sorumsuzca alınan krediler Amerikan vatandaşlarının cebine aktı, müsrifçe daha da çok mal ve hizmet için harcanan bu paralar, akıl dışı bir zenginlik ve mutluluğun keyfini çıkarmak için kullanıldı.

Bu savurgan yaşam tarzı ekonominin çalışma biçimi haline geldi ve tüm Batı dünyası bu duruma imrendi ve buna benzemeye çalıştı. Bu nedenle, Amerikan ekonomisi o yıllarda aşırı kişisel tüketimden dolayı etkileyici başarısıyla övündü. Bolluk duygusu gerçek ve elle tutulurdu, ancak düzmeceydi; gerçeklikten, gerçekçi emlak fiyatlarından ve kişisel finansal değerlerden kopmuş bir ekonomik modelin buluşuydu.

Nihayet bu süreç, bankalar ve kurumsal yatırımcılar ile finans piyasasındaki vurguncular tarafından düzenlenen bu riskli "finansal mühendislikten" dolayı kendini tüketti, her şey yere çakıldı kaldı ve beraberinde ABD ve tüm dünya ekonomisini 1930'dan bu yana görülen en büyük finansal krize sürükledi. Gerçekte, şimdi 2012'nin başlarında hâlâ bu krizin içindeyiz.

Yeni Ekonomin Yararları

Dr. Michael Laitman

Tüketimi Teşvik Eğitimi Bizi Zorlayıcı Dürtülerle Bir Alışverişçiye Döndürür

İnsanların çoğunun aldığı eğitim biçimi nedeniyle tüketimi özendirme bir kültür haline geldi. Eğitim ebeveynlerin ve onların arkadaşlarının ve tüm çevrenin teşkil ettiği örnekler ile başlar. Hepimiz belli bir çevrede yaşarız ve onun değerlerini ve davranış biçimlerini benimseriz. Eğitimimizin büyük bir bölümü medyadaki – hem açık hem de gizli – reklamlara ve bunun yanı sıra reklamcı ve üreticilerin bize yüklediği diğer hileli yönlendirmelere maruz kalmaktır. Reklamların güçlü etkisi bizi topluma sinen, tüketimi özendiren değerlerle uyuşmaya zorlar. Mutluluk seviyemizin, başarımızın ve sosyal statümüzün sahte tanımları ile bu değerler bizim içsel yapımızın bir parçası haline gelir.

Reklamcılık 19'ucu yüzyılda başladı ve 20'inci yüzyılda dramatik bir dönüşüme uğradı. 19'uncu yüzyılda reklamcılık bizim sağduyumuza seslenir, olası alıcılara ürünün avantajlarını vurgulardı. Oysa 20'inci yüzyılda, reklamcılık sağduyudan, duygusal ve duyumsal olana yön değiştirdi. Reklamlar malların kendisini tanıtmak yerine "daha iyi yaşamayı" satmaya başladılar. Bugün gördüğümüz reklamlar gerçekte, "Şimdi kötü hissediyor olabilirsiniz ama eğer bizim ürünümüzü satın alırsanız, kendinizi daha iyi hissedeceksiniz," demekteler.

Yazar ve film yapımcısı Dr. Jean Kilbourne, "Reklam ve Ego" adlı filmde şöyle dedi: "Reklamlar ürünün kendisinden çok daha fazlasını satar. Değer yargılarını, imajları, aşkta ve seksteki değerlilik ve başarı kavramlarını, neyin popüler ve neyin normal olduğunu satar. Kim olduğumuzu ve kim olmamız gerektiğini söylerler." Her gün daha çok tüketmeye

Dr. Michael Laitman

Yeni Ekonomin Yararları

teşvik eden yüzlerce reklama maruz kalırız. Media Matters dergisinde yayınlanan bir çalışma ortaya koymuştur ki, "Bugün tipik bir yetişkinin bir gün içinde o ya da bu biçimde 600-625 reklama maruz kalma şansı vardır."55

Reklamlar bizi mutluluk ve tatmin edilmişlik sağlanmanın yanı sıra başarımızı kanıtlamak için de satın almayı artırmaya teşvik eder. Gerçekte tüketim, bize mantıklı ve rahat bir hayat sağlamak yerine sosyal statü edinmek adına tüketime dönüştü.

Tüketim Mutluluk Demektir – Yoksa Değil midir?

Yeni bir arabanın size ne kadar keyif vereceğini hayal edin. Seçenekleri, modelini, rengini, avantajlarını, dezavantajlarını incelemekten sevinç duyarız, insanlarla bunun hakkında konuşuruz, bunun hakkında internetteki bilgileri okuruz. Nihayet günü gelir birkaç saat sonra, aylarca veya hatta yıllarca hayal ettiğimiz arabanın sahibi olacağımızdan eminizdir. En azından on yıl boyunca bu arabanın bizi mutlu edeceğinden eminizdir. Oysa araştırmalar bunun tersini kanıtlar. "Duygusal Tatmin" başlıklı çalışmalarında, Harvard Üniversitesinden Prof. Timothy D. Wilson ve Prof. Daniel T. Gilbert şöyle yazmışlardı: " … kişinin gelecekteki reaksiyonun süresini abartması eğilimi,"56 ve "gelecekteki olaylara verecekleri tepkileri pek doğru tahmin etmezler."

---

55 "Our Rising Ad Dosage: It's Not as Oppressive as Some Think," Media Matters (February 15, 2007): 1-2, http://www.mediadynamicsinc.com/UserFiles/File/MM_Archives/Media%20Matters%2021507.pdf

56 Timothy D. Wilson and Daniel T. Gilbert, "Affective Forecasting," Advances in Experimental Social Psychology, vol. 35 (USA, Elsevier Science, 2003): 349, 395, url:http://www.abdn.ac.uk/~psy423/dept/HomePage/Level_3_Social_Psych_files/Wilson%26Gilbert(2003).pdf

Yeni Ekonomin Yararları

Dr. Michael Laitman

Başka bir deyişle yeni bir arabanın bizi gelecek on yıl için mutlu etmesi pek mümkün değildir. Tersine altı ay içinde ve belki de daha kısa zamanda, bu gerçek-olan-hayalin, sıkıcı günlük hayatımızın bir parçasına dönüşmesi çok daha mümkündür. Bu da bizi başka bir satın almaya sürükleyecektir. Bu toplumsal çevremizin teşvik ettiği kısır bir döngüdür.

Pozitif Psikoloji dalında ünlü bir uzman olan Dr. Tal Ben Shahar, şuna işaret eder: "Problem, kendimize koyduğumuz hedefe eriştiğimizde, bundan edindiğimiz keyif ve tatmin duygusunun geçici olmasıdır. Mutluluk seviyemizde bir çıkış yaşarız ama bu kısa zamanda istediğimizi elde etmeden önceki seviyeye geri döner, bundan başka şimdi bir de hayal kırıklığı ve bazen de kayıp duygusu hissederiz."[57]

Ayrıca, Dr. Ben Shahar'a göre, "Eğer bir gelirimiz artarsa veya yeni bir arabamız olursa daha mutlu olacağımızı düşünürsek yanılırız. Bu bize aradığımız bir şeye sahip olma duygusu verir. Oysa hırs ve sıkı çalışma finansal olarak bizi yükseltse de, sürekliliği olan bir mutluluk vermeyecektir. Tatmin ve keyif duygusu geçicidir."

Bir önceki bölümde tanıtılan Easterlin Paradoksu, mutluluk ekonomisinde temel bir kavramdır. Easterlin'in kuramı, belli bir seviyenin ötesindeki ekonomik büyüme ve ortalama gelir artışının toplumun ortalama mutluluk seviyesinde bir yükselmeye neden olmadığını farz eder. Gelirimizin mutluluğumuz üzerindeki etkisi gelirimizi başkalarınınki ile karşılaştırdığımızda hissediliyor.

---

57 Tal Ben Shahar, "Our Happiness Scheme is Wrong, and Then Comes Frustration," Calcalist (April 17, 2011), http://www.calcalist.co.il/local/articles/0,7340,L-3515186,00.html

Dr. Michael Laitman

Yeni Ekonomin Yararları

Aşırı tüketim ve Ekolojik Krizler

Birleşmiş Milletlerin Ekonomik ve Toplumsal İşler Bölümünün 2011'deki "Teknolojinin Büyük Yeşil Dönüşümü"[58] başlıklı incelemesine göre, gelişim dünya nüfusunun yaşam standardının yükselmesine olanak verdi. Ancak aynı zamanda çevreye hasar da verdi. Bugün dünya ormanlarının yarısı kesilmiş, içme suyunun önemli bir bölümü pompalanıp çıkartılmış ya da kirletilmiştir ve pek çok sayıda hayvan ve bitki türünün soyu tükenmektedir. Ayrıca küresel ısınma olası doğal afetlerin sayısında 1970'e oranla beş kat artışa neden olmaktadır. Sürdürülebilir Avrupa Araştırma Enstitüsünün (Sustainable Europe Research Institute (SERI)) bir raporu,[59] su, verimli topraklar, ormanlar, petrol, doğal gaz ve kömür gibi doğal kaynakların sınırlandırılmamış tüketiminin dünya ikliminde çok büyük değişiklikler yaratan ekolojik hasarlara neden olduğuna işaret eder. Bu rapora göre, "İnsanoğlu 30 yıl öncesine göre, %50 oranında daha fazla doğal kaynak, yılda yaklaşık 60 milyar ton doğal kaynak çıkarmakta ve kullanmaktadır."

Avusturalya İklim Enstitüsünün bir raporu[60] şunları açıklar: "İklim değişiminin Avustralyalıların sağlığında pek çok ters etkisi olacaktır, fiziksel riskler, enfeksiyona bağlı hastalıklar, sıcaklığa bağlı kötü etkilenmeler, besin güvenliği ve beslenme riskleri, akıl sağlığı sorunları, erken ölümler.

---

58 "Overconsumption? Our use of the world's natural resources," Sustainable Europe Research Institute (SERI) (September 2009), www.foeeurope.org/publications/2009/Overconsumption_Sep09.pdf

59 "Overconsumption? Our use of the world's natural resources," Sustainable Europe Research Institute (SERI)(September 2009), www.foeeurope.org/publications/2009/Overconsumption_Sep09.pdf

60 "A Climate of Suffering: the real costs of living with inaction on climate change," The Climate Institute (Melbourne & Sydney, The Climate Institute, 2011), http://www.climateinstitute.org.au/images/reports/tci_aclimateofsuffering_august2011_web.pdf

Yeni Ekonomin Yararları

Dr. Michael Laitman

Ortaya çıkmakta olan iklimle ilgili kötü etkilerin toplumun ahlak ve akıl sağlığına yüklediği sıkıntılar – yas, depresyon, stres sonrası hastalıkları ve kendi kendine zarar verme trajedisi – oldukça yaygınlaşmaktadır, özellikle de savunmasız kırsal bölgelerde.

Avustralya nüfusunun her dilimi, akıl sağlığı ... iklim değişikliğinin ve bunun çevresel ve toplumsal etkisinin neden olduğu stres ve bozulmalara karşı savunmasızdır."

Tüketimin Özendirilmesinden Dengeli Tüketime

Çözüm bellidir. Her birimiz çoktandır yaşantımızın ve küresel ekonominin temeli haline gelmiş olan, şimdiki aşırı tüketimin azaltılmasını desteklemek zorundayız. Bunun yerine dengeli tüketimi desteklemeliyiz. Bu dönüşüm yayılırken, kişisel tüketim, reklamların ve sosyal baskının etkisiyle dolduruşa gelip kontrolsüzce yalayıp yutmak yerine daha sürdürülebilir seviyelere dönecektir. Gereksiz pek çok ürün ortadan kalkacak ve tüketim uygun kullanıma odaklanacaktır. Markaların sosyal statü sembolü olması yerine kişinin topluma ve genel refaha olan katkısının derecesi kişinin toplumdaki durumunu belirleyecektir. Talebi azaltınca fiyatlar da düşecektir ve onurlu bir yaşam herkes tarafından satın alınabilecektir.

Dengeli tüketim yeni dengeli ekonominin önemli bir parçasıdır. İnsanlar arasındaki bağlantıları, Küresel-Bütünsel Dünya'nın karşılıklı bağımlılığına uyarlayarak sadece tüketim değil, tüm ekonomi değişime uğrayacaktır. Şişirilmiş, kendi-merkezli rekabetçi ekonomiden dengeli, istikrarlı, işlevsel ve sürdürülebilir, özverili nitelikler taşıyan bir biçime geçilecektir. Her sistem tüm insan ırkının

gereksinimlerini makul seviyede sağlamak üzere kendine ince ayar yapacaktır, ne eksik ne de fazla.

Tüketimi özendirmenin pek çok kusuru olduğunu zaten belirttik. Kendini tekrarlayan finansal ve toplumsal krizler, çok kısa zamanda mevcut modelimizi değiştirmeye zorlanacağımıza işaret etmekte. Artık tüketimimizi sonsuza kadar arttırmaya gücümüz yetmeyecek, zira bu talepçi yaşam tarzımıza para yetiştirmeye yeltenerek bunu çok ağır ödüyoruz. Edindiğimiz bu aşırı tüketim beklenen tatmini vermeye yeterli olmaksızın sürekli hayal kırıklığına neden olmaktadır.

Dengeli tüketime geçmek, bizim toplumsal ve sosyal sistemlerimizi "sakinleştirecek" ve yaşam tarzımızı dengeleyecektir. Gerçekte, bugün aşırı tüketimi vaaz eden aynı araçları, daha dengeli bir yaklaşımı tanıtmak için kullanabiliriz. Mevcut medyayı ve reklam sistemini kullanarak toplumu değiştirebilir ve beraberce önceliklerimizi ve şu an sahip olduğumuz zararlı sosyal değer yargılarımızı değiştirecek olan bir sosyal çevreyi kurabiliriz.

Değişimin Yapısı Üzerinde Geniş Çaplı Anlaşma İhtiyacı

Günümüzün aşırı tüketiminden dengeli bir tüketime geçiş yetkililer tarafından zorla kabul ettirilemez. Eğer böyle yapılsaydı, en kısa zamanda tek isteğimiz bu mevcut sisteme geri dönmek olurdu. Ancak eğer dengeli tüketime geçiş toplumun her kesimi tarafından kavranmış yaygın ve kapsamlı bir eğitim hamlesi ve toplumun desteğiyle olursa bu değişimin bizim yararımıza olduğunu idrak edeceğiz. Kısa bir uyum sağlama süresinden sonra da bunu hissedeceğiz.

Yeni Ekonomin Yararları

Dr. Michael Laitman

Herkesin bir diğerine bağımlı olduğu küresel ve bağlantılı bir dünyada, aramızda mevcut bencil, rekabetçi ve çıkarcı ilişkiler ile yeni sistemin kanunları arasındaki çelişki süremez. Yeni dünyada düşüncesizliğe, ilgisiz kalmaya ve ortaklaşa sorumluluk almamaya yer yoktur. Aramızdaki zorunlu bu yeni bağlantılar, tüm ekonomik ve ticari sistemleri değiştirmemize yardım edecektir. Örneğin üreticiler gereksiz mallar üretmeye son verecekler, sırf onlara kâr sağladığı için bize sağlıksız yiyecekler satın almamızı söylemeyecekler. İnsanlar arasındaki ortak sorumluluğu yansıtan bir ekonomide, bireysel tüketimin tekrar aklı başına kavuşacaktır.

Bu, tekrar endüstri devrimi öncesi döneme geri döneceğiz veya bu süreç hükümetler tarafından vatandaşlara zorla dayatılacak demek değildir. Aksine bu, hayatın dayattığı doğal bir süreç olacak, kontrolden çıkmış olan tüketimin tekrar normale, küresel ve bağlantılı bir dünya içinde aramızdaki bağlantılara uygun olan bir tüketime kavuşmasıdır.

Dengeli Tüketimin Faydaları

Ortak sorumluluk çatısı altındaki dengeli tüketime geçişle birlikte daha önce ayrıntıları verilen aşırı tüketimden gelen pek çok sorun çözülecektir. Ayrıca ortak sorumluluğun faydalarını keşfedeceğiz.

1) Sağlığın Düzelmesi

Reklamlarda gördüğümüz ürünlerin pek çoğu sağlığa iyi gelmemekte. Dünya Sağlık Örgütüne (WHO)[61] göre, 1980'de 1,5 milyar yetişkin aşırı kilodan rahatsızdı. 2010 yılına kadar bu sayı iki misli oldu. Aşağı yukarı 43 milyon

Dr. Michael Laitman

çocuk da obeziteden rahatsızdır, günümüzde obezite ölümcül rahatsızlıklar arasında beşinci sırayı almaktadır.

Bir grup İngiliz psikolog[62] 6-13 yaş arasındaki 281 çocuğa, onlara bir oyuncak reklamı ve belli bir yiyecek reklamını göstererek bir inceleme yaptılar. Sonra da en sevdikleri yiyeceğin ne olduğunu sordular. Önce yiyecek reklamlarını ardından da oyuncak reklamlarını seyrettikten sonra çocukların çoğu daha çok yağ ve karbonhidrat içeren yiyecekleri seçmekteler.

Amerikan Pediatri Akademisi, çocuklar ve yeniyetmeler arasında TV seyretmek ve oburluk hakkında bir Tutum Bildirimi yayınladı.[63] Çocuk doktorları çocuklara yönelik TV programlarında ayaküstü yiyecek reklamlarının yasaklanması doğrultusunda çağrıda bulundular.

2) Ekolojik Koşulların ve Doğal Kaynakların Durumunun Düzelmesi

Tüketimin ve gereksiz mal üretiminin azaltılması, hava ve su kirliliğini azaltarak ve doğal kaynakların ziyanı ve kötüye kullanılmasını azaltarak, çevrenin düzelmesine önemli katkılarda bulunacaktır.

---

61 *"Obesity and overweight, Fact Sheet no. 311, World Health Organization, updated March 2011, http://www.who.int/mediacentre/factsheets/fs311/en/*

62 *Emma J. Boyland, PhD, Joanne A. Harrold, PhD, Tim C. Kirkham, PhD, Catherine Corker, BSc, Jenna Cuddy,*

Sca, Deborah Evans, BSc, Terence M. Dovey, PhD, Clare L. Lawton, PhD, John E. Blundell, PhD, and Jason C. G.
Halford, PhD, "Food Commercials Increase Preference for Energy-Dense Foods, Particularly in Children Who
Watch More Television," Pediatrics (March 9, 2011), http://pediatrics.aappublications. org/content/128/1/e93

63 *"Policy Statement—Children, Adolescents, Obesity, and the Media, Pediatrics 2011;128;201; originally published online June 27, 2011; DOI: 10.1542/peds.2011-1066, now available at http://pediatrics.aappublications.org/content/128/1/201.full. html*

Yeni Ekonomin Yararları — Dr. Michael Laitman

Doğal gaz, petrol, kömür ve diğer doğal kaynakları sanki hiç tükenmeyeceklermiş gibi görürüz. Acaba bu kaynakları gelecekte de sorumsuzca kullanabilecek miyiz? "www.worldometers.info"daki bilgilere göre, mevcut tüketim oranımız ile yaklaşık 2050'de tamamen petrolsüz kalacağız, bu, tüketim oranımızı bugünkünden daha fazla artırmayacağımız varsayımı ile!

Dengeli tüketime geçtiğimizde, saygın bir hayat tarzını koruyabileceğiz, endüstriyel faaliyetlerimiz normal ölçülere dönecek ve gereksiz şeyler üretmeye son vereceğiz. Bu gerçekleştiği zaman, öncelikle kendi aramızda ve sonra da yeryüzü ile denge ve ahenge erişmiş olacağız. Böylelikle, ortak sorumluluk ekonomik bir antlaşma olarak, insan ırkına çok belirgin yararlar sağlar, hem dünya krizlerine çözüm olarak hem de yükselmekte olan ekolojik krizlerin önüne geçecek bir sıçrama tahtası olarak.

3) Hayat Pahalılığının Aşağı Çekilmesi

Reklam bir malın maliyetini önemli ölçüde yükseltir. Dengeli tüketime dönüş birçok ürüne ve markaya olan talebi azaltacaktır. Bu nedenle, bazıları ortadan kalkacak, bazıları da daha uygun fiyatta olacaktır. Reklam endüstrisi normal boyutlarına küçülecektir ve eğer reklamcılığı ve çevrenin etkisini akıllıca kullanırsak ürünlerin maliyetini önemli ölçüde azaltabileceğiz.

Ayrıca, ortak sorumluluk ortamında, üreticiler ve ithalatçılar daha mantıklı bir kâr oranını kabul edecekler, tüketicilerin pahasına daha fazla kâr etmeyi aramayacaklardır. Böylece, ürün ve hizmet fiyatları maliyet fiyatının biraz üstüne kadar düşecek.

Bu arada reklam endüstrisi için endişe etmeye gerek yok. Ortak sorumluluk değer yargısını eğitici mesajlar taşımanın ve yaymanın temel aracı olarak hizmet edecekler.

4) Daha Çok Boş Vakit

Kontrolsüz tüketimin peşinde koşmayı durdurduğumuz zaman, çalışma günümüzü kısaltabileceğiz ve gerçekten önemsediğimiz şeylere; ailemize, toplumsal bağlarımıza, çeşitli beceriler öğrenmeye ve genel olarak hayattan keyif almaya vakit bulabileceğiz. Medya yoluyla düzenleyeceğimiz bir ortamda bize nasıl yaşayacağımız, nasıl çocuk yetiştireceğimiz ve kişisel ve toplumsal potansiyellerini fark eden herkesin bu fonksiyonları bu yeni dünyada nasıl kullanacağımız açıklanacak.

5) Aile Bağının Düzelmesi

Günde 10-12 saat çalışmak yerine daha fazla boş zamanımız olduğunda, ailemiz ve arkadaşlarımızla olmak için daha fazla zaman ayırabileceğiz. Ayrıca toplumun değişen değer yargıları reklamlarda veya arkadaşlarında gördükleri yeni markalardan daha çok satın almamızı isteyen çocuklarımızla sıkça yaptığımız tartışmaları da engelleyecektir.

Eğitim, Bilgilendirme ve Çevrenin Etkisi İle Gelen Değişim

Tüketime yönelik bir ortamda doğan birisi için dengeli bir topluma dönüş, lüzumsuz ürünlerin üretiminin durması ve alışveriş yapmanın en sevilen boş vakit geçirme olmaktan çıkması iç karartıcı bir beklenti, ekonomik ve kültürel bir gerileme olarak görülebilir. Ekonomistler GSYİH'nın (gayrisafi yurtiçi hasılanın) ve hükümetlerin

Dr. Michael Laitman

vatandaşlarının ihtiyaçlarını karşılama yeteneğinin düşeceğini savunabilirler.

Ancak, geniş bir eğitimsel çalışmanın yardımı ile bilginin yayılması ve değişimi destekleyen bir ortamın yaratılması ile küresel ve bütünsel dünyadaki oyunun yeni kurallarını öğreneceğiz. Nihayet, aşırı tüketimi dengeli tüketim lehine terk etme sürecinin zorunlu ve aynı zamanda da geri döndürülemez olduğunu anlayacağız. Bugünkü yaşama biçimimiz ile aramızda karşılıklı bağımlılık olan yeni dünya arasındaki kapanan uçurumun birçok pozitif toplumsal ve ekonomik etkileri olacaktır. Mevcut yöntem çökmüştür ve küresel krizler de bunun inkâr edilemez kanıtıdır. Ve nihayet yeni, dengeli bir dünya yükselmektedir.

Yeni Ekonominin Yararları

Bu küresel ve bütünsel gerçeklikte, dengeli bir ekonomi yalnızca bir zorunluluk değildir, hepimiz için faydalıdır da.

Kilit Noktalar

• Ortak sorumluluğu temel alan bir ekonomi Küresel-Bütünsel sistemin kanunları ile uyumludur, bu nedenle de istikrarlıdır ve hayatımızı sürdürmemiz için akla yatkın ihtiyaçlarımızı en iyi biçimde temin eder. Aynı zamanda kişisel ve toplumsal potansiyelimizi gerçekleştirmemiz için bize zaman tanır.

• Ortak sorumluluk çatısı altındaki bir ekonominin pek çok toplumsal ve ekonomik avantajı vardır, herkes için adil bir yaşama standardı, hayat pahalılığının düşmesi, şeffaflık, ekonominin yarattığı pastadan alınan payın yükselmesi, ekonomik eşitsizlik ve uçurumların büyük ölçülerde azalması.

- Bugünün rekabetçi, kendi-merkezli ekonomisinden dengeli, işlevsel olana geçiş parada, mülkte ve kaynaklardaki pek çok fazlalığın halkın yararına kullanılabileceğini ortaya çıkaracaktır

- Ortak sorumluluk ekonomisine geçiş aşamalı olacaktır, ama başından itibaren olumlu bir değişim dinamiği ve umut – yeni bir ruh, bir bağlılık ve kişisel güven – yaratacaktır.

Avrupa ve Birleşik Devletler'de Krizlerin Yükselişi

Küresel ekonomik krizler hızla kötüleşmektedir. Birleşik Devletler kredi değerlendirmesinde ilk defa düşük derece aldı, Euro Bölgesi hep beraber ya da sıra ile çöküş tehdidi altındadır, tüm dünyadaki finans piyasasını sarsan, büyük miktarlı borç krizleriyle iflas etme durumuyla karşı karşıyalar. Aynı zamanda önde gelen ekonomistler bazı öngörülerde bulunuyorlar, örneğin Nouriel Roubini'ninki şöyle: "Büyük bir ihtimalle ... bu gelecek 12 ay içinde en gelişmiş olan ekonomilerde bir gerileme daha olacaktır,"[64] ve Joseph E. Stiglitz'inki şöyle: "Bir anlamda, yalnızca ekonomik kriz yok ama ekonomi de krizde."[65]

---

[64] Nouriel Roubini, "ROUBINI: Ignore The Recent Economic Data — There's Still More Than A 50% Chance Of Recession," Bussiness Insider (October 25, 2011), http://articles.businessinsider.com/2011-10-25/markets/30318837_1_double-dip-recession-eurozone-ecri

[65] "Short films from the 2011 Lindau Nobel Laureate Meeting in Economic Sciences," The New Palgrave Dictionary of Economics Online, http://www.dictionaryofeconomics.com/resources/news_lindau_meeting (the above-mentioned statement is in Stiglitz's video after 10:05 minutes.

Yeni Ekonomin Yararları

Dr. Michael Laitman

Ülkeler arasındaki karşılıklı ekonomik bağımlılık ülkelerin kendilerini izole ederek problemlerini kendi başlarına çözmesini imkânsız kılmakta. Buna örnek Euro Bölgesi'nin sendelemekte olan Yunan ekonomisini kurtarma girişimleridir.

Polonya Başbakanı, Jacek Rostowski Avrupa Parlamentosu'ndaki konuşmasında şu uyarıyı yaptı: "Avrupa tehlikede, Euro Bölgesi'nin çökmesi zincirleme bir reaksiyona neden olarak Avrupa Topluluğunun (EU) çökmesine ve en sonunda savaşın Avrupa'ya dönmesine neden olacaktır."[66] Almanya Başbakanı Angela Merkel de, "Piyasadan diğer Avrupa ülkelerine gelen saldırıların Yunanistan'ı etkilemesini engellemek için Euro Bölgesi liderleri Yunanistan etrafında bir yangın duvarı örmelidirler," dedi.[67]

Doğal olarak, yatırımcılar dünya ekonomisinin geleceği için endişe duyuyorlar. Karar mercileri, yatırımcı ve bankerlerin Washington'daki hafta sonu konuşmalarında, dünyanın en büyük bono yatırımcısı PIMCO, "Avrupa'nın ekonomik durgunluğa kayışı gibi gelecek yıl ekonomilerde yeni baştan kriz başlayacak,"[68] diye tahminde bulundu.

---

[66] Amiel Ungar, "Polish Finance Minister Warns of War if EU Collapses," Arutz Sheva (September 16, 2011), http://www.israelnationalnews.com/News/News.aspx/147945#.TrUbyPSArqE

[67] Sebastian Boyd, "Chilean Peso Advances After Merkel Urges Firewall Around Greece," Bloomberg (September26, 2011), http://www.businessweek.com/news/2011-09-26/chilean-peso-advances-after-merkel-urges-firewallaround-greece.html

[68] Simon Kennedy, Rich Miller and Gabi Thesing, "Pimco sees Europe sliding into recession," Financial Post (September 26, 2011), http://business.financialpost.com/2011/09/26/pimco-sees-europe-sliding-intorecession/

Dr. Michael Laitman

> Yeni Ekonomin
> Yararları

Gene aynı toplantılarda, eksi ABD Hazine Sekreteri Lawrence Summers, 20 yıldır Uluslararası Para Fonu (IMF) toplantılarına katılmakta olduğunu söylemiş ve "Daha önceki hiçbir toplantıda meseleler, burada şimdi küresel ekonominin geleceği için bu kadar endişe ettiğim ölçüde ciddi olmamıştı," demiştir.

Avrupa ve Birleşik Devletler'de işsizlik oranı yüksek ve yükselmeye devam etmekte. Örneğin İspanya'da bu yılın ilk üç ayında hızla Euro Bölgesi için yeni bir seviyeye, %21,3'e tırmandı, 4,9 milyon işsiz insan rekoru ile.[69] Birleşik Devletler'de, bunu yazdığımız sıralar işsizlik oranı %8,6'dır ve 13,3 milyon insan işsizdir.[70]

Ekonominin Yenilenmeye İhtiyacı Var

2008 yılında başlayan krizleri çözmedeki başarısızlık en önde gelen ekonomistleri bile şaşırttı ve mevcut ekonomik modelin yetersizliğini sergiledi. Pazara para akıtılması politikası düşüşü tersine döndürmek ve giderek dünya ekonomisini iyileştirmek demek olurdu, ama bu olmadı. Tam tersine, karar mercilerinin elindeki ekonomik araçlar, krizlerin kendileri yerine sadece belirtilerini tedavi etmiş görünüyor.

Faiz oranlarını düşürme, bütçeleri genişletme – endüstri ve ticareti desteklemek amacıyla – vergi indirimleri, finansal reformlar, merkez bankasının bono ve yabancı para pazarlarına müdahaleleri, bunların hepsi başarısız oldu.

---

69 Daniel Woolls, "Spain's Unemployment Rate Hits New Eurozone Record Of 21.3 Percent," Huffington Post (April 29, 2011), http://www.huffingtonpost.com/2011/04/29/span-unemployment-inflation-economy-debt_n_855341.html

70 United States Department of Labor, Bureau of Labor Statistics, www.bls.gov/news.release/empsit.nr0.htm

Yeni Ekonomin Yararları

Dr. Michael Laitman

Krizleri çözmek için önce sorunun kaynağını teşhis etmeliyiz, sonra bu hastalıkla uğraşan çözümü benimsemeliyiz. Sadece belirtilerle uğraşmak krizin kendisini çözmez, yakın zamanda krizlerin yeni baştan ortaya çıkması buna tanıklık eder.

Can alıcı nokta, ekonominin birbirimizle nasıl ilişkide bulunduğumuzu ifade ediyor olmasıdır. Mevcut ekonomide, ana amacımız - şans duygusunu destekleyen - rekabetçi bir ortamda kazancımızı yükseltmektir. Bu sıfır toplamlı oyunla sonuçlanır, bu oyunda birisinin kazancı bir diğerinin kaybı anlamına gelir.

Ekonomik krizlerin çözümü, önce ilişkilerimizi ortak sorumluluk temelinde değiştirmemizi gerektirir. Böyle bir değişim ancak destekleyici bir ortam yaratarak, medyayı kullanarak bu değişim için hem yetişkinlere hem de gençlere eğitim veren bilgi sistemleri yaratarak mümkün olur. Bu eğitimin çerçevesinde dayanışma, iş birliği, duygudaşlık, başkalarına ilgi ve özen gösterme ve ortak sorumluluk değerleri saygınlık kazanacaktır.

Sosyal bilimler çevrenin insanları nasıl etkilediğine ilişkin yeteri kadar kanıt sunar.[71] Bunun için bize farklı düşünmeyi ve toplum yararına olan değer yargılarına uyum göstermeyi öğreten bir toplum kurmalıyız.

---

71 Perhaps the most notable examples are the studies published in the book, *Connected: The Surprising Power of Our Social Networks and How They Shape Our Lives—How Your Friends' Friends' Friends Affect Everything You Feel, Think, and Do,* by Dr. Nicholas A. Christakis and Prof. James Fowler:

• Christakis, N. A.; Fowler, JH (22 May 2008). "The Collective Dynamics of Smoking in a Large Social Network" (PDF). New England Journal of Medicine 358 (21): 2249-2258.

• Christakis, N. A.; Fowler, JH (26 July 2007). "The Spread of Obesity in a Large Social Network Over 32 Years" (PDF). New England Journal of Medicine 357 (4): 370–379

• Fowler, J. H.; Christakis, N. A (3 January 2009). "Dynamic Spread of Happiness in a Large Social Network: Longitudinal Analysis Over 20 Years in the Framingham Heart Study" (PDF). British Medical Journal 337 (768): a2338.doi:10.1136/bmj.a2338. PMC 2600606. PMID 19056788.

• Christakis, N. A.; Fowler, JH (26 July 2007). "The Spread of Obesity in a Large Social Network Over 32 Years" (PDF). New England Journal of Medicine 357 (4): 370–379

Dr. Michael Laitman

> Yeni Ekonomin Yararları

Bugün, toplum kişiyi para, güç ve ünle mükâfatlandırır. Böyle ödüller rekabet ve saldırganlık yaratır. Herkes başkalarını kişi, şirket, ülke veya uluslararası seviyede sömürmeye, hile yapmaya çalışır. Eğer ödüller bunların yerine ortak sorumluluğu teşvik etmek üzere değişirse, değişim yapmak kolay olacak ve geniş kitleler tarafından desteklenecektir. Çevre etkisinin gücü budur.

İlk Yapılması Gereken: Yangını Söndürmek

İlk önce yangını söndürmeliyiz yani en çok zorlayan konularla uğraşmalıyız. Bunun için, bir araya gelmeli, yuvarlak-masa etrafında tartışmalı – tıpkı bir aile gibi – etrafımızda çaresizlik içinde muhtaç olan, fakirlik sınırının altında yaşayanlara nasıl yardım edebiliriz diye görüşmeliyiz. Böyle problemlere hepimizin hemfikir olduğu bir çözümü bulmadan ilerleme kaydedemeyiz. Anlaşmak aramızda ortak sorumluluk kurmanın önkoşuldur. Ortak sorumlulukta anlaşarak daha talihli olanların zor durumda olanlara yardım ederek gerekli ödünleri vermesini ve yoksulluk ile tamamen başa çıkacak ekonomik düzeltmeleri sağlarız.

Dengesizliği düzeltmek için gereken finansmanın bir kısmı devlet bütçesinden gelecek, sosyo-ekonomik önceliklerdeki değişimi yansıtacaktır. Ama paranın büyük miktarı, aşırı tüketimden mantıklı tüketime geçişle yaratılacak olan yeni kaynaklardan gelecektir. Bireyci, rekabetçi bir ekonomiden Küresel-Bütünsel Dünya'nın kanunları ile uyumlu olan, dayanışmalı ve ahenkli bir ekonomiye değişimini yansıtacaktır.

Aynı zamanda, yeni dünyada bağımsızca, dengeli bir yaşam sürdürmeye yeterli hale gelmek için temel yaşam

Yeni Ekonomin Yararları
Dr. Michael Laitman

becerileri edinmeli, dengeli tüketimi öğrenmeliyiz. Acil ekonomik ve finansal çözümler ile uygun tüketici eğitimini birleştirmek en alt gelir seviyesindeki bireyler için "acil yardım ünitesi" gibi işlev görecektir. Ayrıca, beraberce Küresel-Bütünsel Dünya'nın kanunları ile uyumlu olmaya çaba göstermemiz, toplumsal ve ekonomik bir antlaşma olarak ortak sorumluluğu benimsememiz için gerekli temeli de şekillendirecektir.

Ortak Sorumluluk Çatısı Altında, Yeni Bir Ekonomiye Doğru

Bu krizin bizi getirdiği dönüşüm sürecinin sonunda, gelişen bu sosyo-ekonomik sistemi tanımlamak kolaydır. Mevcut ekonomik sistemlerin küresel bağlantı ağı içindeki yetersizliği, kişisel ve politik karşılıklı bağımlılıkların artması, tırmanmakta olan küresel krizlerin gerçek nedenidir. Karar mercileri ve önde gelen ekonomistler sorunun kökünde yatanın bu olduğunu idrak ettiklerinde, hâlâ ilişkilerimizi ortak sorumluluğa göre uyarlamamız gerekse de çözüm açıkça belli olacak. Bu başarılınca, dünyada bu kavram ve değer yargılarındaki değişimi yansıtan yeni bir ekonomiye geçebileceğiz.

Ortak sorumluluk çatısı altında, ekonomi ve insan ilişkileri küresel ilişkiler ağı ile uyum içinde olacak. Aksamakta olan mevcut ekonomik yöntemi korumaya uğraşarak enerji ve kaynak ziyan etmek, "akıntıya karşı kürek çekmek" yerine yeni bir ekonomi; dengeli ve istikrarlı olan, her seviyedeki toplumsal bağlılığa, geniş bir uluslararası iş birliğine, dengeli tüketime ve her 5-7 yılda bir yıkıcı spekülasyonlar yaratan günümüz finans piyasası yerine istikrarlı bir finans piyasasına dayanan bir ekonomi kurulacak.

Dr. Michael Laitman

Yeni Ekonomin Yararları

Ortak Sorumluluk Ekonomisinin Yararları

Ortak sorumluluğa dayalı yeni ekonominin pek çok faydası vardır. Günümüzün başarısız ekonomik modeline tutunmaya ve finansal krizleri izleyen acil sorunları hafifletmeye çalışmakla ortak sorumluluk ekonomisinin çok büyük potansiyelinin farkına varılmasını daha zorlaştırıyoruz. Eğer zaten ortak sorumluluk durumu içindeymişiz gibi hayal edersek, üstünlüklerinin pek çoğunu görebileceğiz:

1) Herkes için adil ve makul bir hayat standardı: Ortaklaşa değerlendirmeye dayalı bir ekonomi politikası, yoksulluk sınırının altındaki kesimleri yukarı çekmek için gerekli kamu fonu ayırmamıza yardımcı olacak. Aynı zamanda yuvarlak masa tartışmaları, yaşam becerileri ve bilinçli tüketim eğitimleri insanların parasal bağımsızlık edinmelerine yardım edecek. Gelirimizden fazla harcamak ve aşırı tüketim, tedavisi gereken küresel bir olgu haline geldi.[72][73]

---

[72] *"Average credit card debt per household with credit card debt: $15,799."* By: Ben Woolsey and Matt Schulz, *"Credit card statistics, industry facts, debt statistics,"* CreditCards.com, http://www.creditcards.com/credit-cardnews/credit-card-industry-facts-personal-debt-statistics-1276.php#Credit-card-debt

[73] *"The average British adult already owes £29,500, about 123 per cent of average earnings."* By: Jeff Randall, *"The debt trap time bomb,"* The Telegraph (October 31, 2011),

http://www.telegraph.co.uk/finance/comment/jeffrandall/8859082/The-debt-trap-time-bomb.html

Yeni Ekonomin Yararları

Dr. Michael Laitman

2) Hayat Pahalılığının Azalması: Ekonomik ilişkilerimizin temeli artık açgözlülük olmadığı zaman, hepimiz mantıklı bir kazançtan hoşnut olup başkalarının zararı pahasına yüksek kazanç edinmeye heves etmediğimiz zaman, ürünlerin fiyatları neredeyse maliyet fiyatına yakın düşecektir. Bugün pek çok mal ve hizmetin fiyatı çok yüksektir, çünkü ticaret zinciri boyunca her halka kendi kârını artırmaya uğraşır. İletişim ağlarında ve halkın genel söyleminde ortak sorumluluk değer yargısı yüceltilerek, şirketlerin hesaplarını tuttururken "halk yararına"yı da hesaba eklemeleri sağlanacak. Bu, geçimimizi daha kolay sağlamamıza yol açacak.

Bu fiyatları düşürme hareketinin ilk belirtileri zaten ortada. Toplumsal huzursuzluk üreticilerin ürün ve hizmet fiyatlarını düşürmesine neden oluyor. Şimdilik, bunlar değişken, ara sıra olan ve önemsiz indirimler, ancak gidişat ortada. Ayrıca, göreceli olarak daha dengeli bir tüketim modeline geçiş, talebi düşürerek fiyatların düşmesine yarayacak.

Hayat pahalılığının azalmasıyla sosyal eşitsizlikteki uçurumun da azalması, gerçek ve sürekli bir sosyal adaletin yolu olan ortak sorumluluk ekonomisinin temel avantajlarından birisidir.

3) Sosyal aralıkların daralması: Küresel ekonominin başta gelen hastalıklarından birisi eşitsizliğin sürekli artmasıdır. Dünya çapındaki toplumsal huzursuzlukların gerisindeki başlıca neden budur. Birbirimize bir aile gibi davranacak olursak, kendi aramızdaki veya diğer ülkelerle aramızdaki fırsat veya servet eşitsizliklerini hoş görmeyiz. Kargaşa, devrim ve şiddet korkusunun yerine, ekonomik uçurumları küçültme ve böylece sistemin istikrarını koruma ihtiyacı nedeniyle ortak sorumluluk ekonomisi geniş kabul görecektir.

Eşitsizliğin azalması, diğer şeylerin yanı sıra, en yüksek gelir dilimi tarafından verilen ekonomik ve toplumsal tavizler demektir. Eğitim, çevrenin etkisi ve iletişimin etkili işleyişi, yuvarlak masa gibi, bu kararlara şeffaflık ve tarafsızlıkla varılmasına güvence olur ve toplumsal ve ekonomik– ortak sorumluluk için zorunlu olan – fikir birliğini yansıtır. Ortak refah için verdikleri tavizler karşılığında, bunları yapanlar katkıları nedeniyle kamunun takdiriyle ödüllenirler. Ayrıca, bu yardımı gören ve kaynaklardan yararlananların daha iyi, daha saygın bir hayatı olacak. Onlar da yeni düzeni takdir edecekler.

4) Gerçek ve kökten bir bütçe reformu: Sosyal adalet ve ortak sorumluluk duygusu yaratabilen tek şey, toplumdaki her bireyin, aynı gemide olduğumuzu ve beraber çalışmamız gerektiğine inanmasıdır. Bu ulusal bütçede önceliklerin geniş bir fikir birliğiyle çok daha adilce belirlenmesini gerektirir, lobilerin ve baskı gruplarının kavga gürültüsü ile değil.

Şeffaf olarak yönetilen bir ekonomide herkes alınan kararları anlar ve hatta halkın bu kararları etkilemesi teşvik edilir. Ortak olma ve katılma duyguları hissettiğimizde bugün karar mercilerine karşı duyulan bu olumsuz duyguları ve hayal kırıklıklarını bertaraf ederiz. Olumsuzluğun azalması, insanların karar mercileriyle fikir birliğine varmasına ve desteklemesine imkân verecektir, bazen seçimleri herkesçe çok sevilmese bile. Yuvarlak masa etrafında karar veren bir aile gibi davranmanın verdiği tatmin bizleri birbirimize taviz vermeye teşvik edecek.

Yeni Ekonomin Yararları

Dr. Michael Laitman

5) Finans "pastasında" artış: Eğer her vatandaş, her işyeri ve her devlet dairesi bu aileyi hissederse, devlet bütçesinde ve belediye bütçesinde ve hatta kişisel bütçelerimizde pek çok para, mal ve hizmet fazlalığı ortaya çıkacaktır. Evde hiç kullanmadığımız ne kadar çok şey olduğunu bir düşünün. Fazla yiyecek ve giyeceklerimizi alıp yoksullara veririz, finansal fazlalığımızdan da "başkalarının" bugünkü ihtiyacının önemli bir kısmını kapatmak için bütçe açığını artırmadan, sert tasarruf tedbirleri almadan veya vergiler yüklemeden onlara aktarırız.

Yardım toplum hayatının ve ortak dayanışmanın bir ifadesi olsa da yoksula yardımı bir çözüm olarak önermiyoruz. Bunun yerine yararlılıktan söz ediyoruz. Örneğin CNN'nin bir haberine göre "Her yıl dünyada üretilen tüm yiyecek maddelerinin 30% u atılıyor veya ziyan ediliyor. Birleşmiş Milletler Besin ve Tarım Örgütünün yeni bir raporuna göre, "Bu miktar aşağı yukarı 1,3 milyar tondur."[74]

Neden açlığın gerçek bir sorun olduğu ülkelere bu yiyecekler verilemez? Bunun bir tek kelime ile cevabı "menfaat." Artan gıda maddelerini dağıtmak demek arzı artırmak demektir ki, bu da fiyatların düşmesine yol açar. Bu da gıda üretenlerin ve pazarlayanların kazancını azaltır. Ortak sorumluluğa dayanan bir ekonomide böyle bir durumun olması imkânsız. Nasıl olur da ailemizin üyeleri açlık çekerken yiyecekleri fırlatıp atabiliriz?

---

74 Ramy Inocencio, "World wastes 30% of all food," *CNN Business 360 (May 13, 2011),* http://business.blogs.cnn.com/2011/05/13/30-of-all-worlds-food-goes-to-waste/

Bu, örneklerden yalnızca birisi. Ortak sorumluluk ekonomisinin faydalarıyla ilgili daha çok örnek için, "İhtiyaç Fazlası ve Halkın Refah ve Mutluluğunu İyileştirmek" bölümüne bakınız.

6) İşveren-işçi ilişkilerinin ve şirket-hükümet ilişkilerinin düzelmesi: Davranış psikolojisi araştırmaları varlıklı insanların para değil saygınlık aradıklarını gösterir.[75] Ama bugün şirketler ve tepe yöneticileri yaptıkları kâr ve kazanca göre değerlendirilirler. Daha çok para demek, şirketlerin değerlendirmelerde daha ön sıraları almaları veya üst düzey yöneticilerin "yılın en başarılı CEO'lar" listesinde olmaları demektir.

ABD iş piyasası, kendi merkezli kazanç yükseltme düşüncesinin muhtemelen en iyi örneğidir. Ekonomi büyüse bile, Amerikan iş piyasasında daha çok iş artışı olmamasının nedeni şirketlerin yeni insanları işe almak yerine çalışanlarını fazla mesai yaptırmaları veya part-time çalışanları full-time olarak çalıştırmayı tercih etmeleridir.

Bugün bu tür değerlendirmeler mantıklı kabul edilir. Ancak ortak sorumluluk ile yürütülen bir ekonomide değer yargıları, kazancın büyük kısmını birkaç kişinin paylaşması yerine, daha çok insanın refahtan pay alabilmesi şeklinde olacaktır. Benzer iyileştirmeler şirketlerin hükümetle ve vergi yetkilileri ile olan adil vergilendirmeye ve vergi kaçırmanın en aza inmesine yönelik ilişkisinde de yer alacaktır.

---

75 Tay, L., & Diener, E., "Needs and subjective well-being around the world," *Journal of Personality and Social Psychology* (2011), 101(2), 354-365. doi:10.1037/a0023779

Yeni Ekonomin Yararları

Dr. Michael Laitman

7) **İstikrar ve uzun süreli çözümler:** Yeni ekonomi ortak sorumluluk değer yargısına dayanacak ve zorunlu olarak bugünün küresel ve karşılıklı bağımlı dünyasının gerçekliğiyle uyumlu olacak. Küresel-Bütünsel ağla denge ve ahenk içindeki böyle bir yöntem, çevresine uyduğu ve çevrenin unsurları – insanlar, şirketler ve devletler - arasında geniş bir fikir birliğini yansıttığı için mevcut her ekonomik ve sosyal yöntemden çok daha istikrarlı ve sürdürülebilir olacak. Hem insanın hem de Doğa'nın dostu olan dengeli bir ekonomi her insanın saygın bir hayat sürmesine, kişi olarak bu sistemin "dostça" olduğunu hissetmesine, saygın bir yaşam desteği almasına ve karşılığında bu sisteme katkıda bulunma fırsatına imkân sağlar.

8) **Kesinlik:** Yeni ekonomiye geçiş aşamalı olacak. Önce, değişimin dinamiği ve ümit olacak, yeni bir toplum ruhu, bağlılık ve kişisel güven olacak. Var olan kötüye kullanılma korkusu yerini ödün vermeye, birçok alanda bonkör davranışlara bırakacak, daha ucuz ev fiyatları, çalışanları sömürmeyen işçi anlaşmaları, içtenlikle halk yararına çalışan daha basit bir bürokrasi, adil bankacılık, makul fiyatlara gerekli hizmetlerin sağlanması gibi. Kısaca, insanlar aralarındaki ilişkilerde, şu belirsizlik zamanında fena halde ihtiyaç duyulan ve kişinin gerçekten parayla satın alamayacağı güveni hissedecekler.

9) **Gerçek mutluluk:** Bu yeni ekonomi içimizde parayla ölçülemeyen bir tatmin duygusu yaratacak. "Ekonomik Araştırmalar Zenginlik Eşittir Mutluluk Formülüne Başkaldırıyor," bölümünde anlattığımız gibi belli bir gelir seviyesinin üzerine eklenen para kişinin daha iyi hissetmesini sağlamıyor. Bunun yerine insanlar başarılı ilişkilerde, kendine güven ve içlerindeki potansiyeli en iyi değerlendirmede tatmin oluyorlar. Yeni ekonomi ve

yararları geçici değil, güvenilir ve istikrarlı çünkü ortak sorumluluk kuralları ile uyumlu. Bu, karar-verme sürecinin geniş bir fikir birliği yoluyla yapılmasına olanak veriyor.

10) **Uygulanabilir bir karar-verme süreci:** Daha önce de söylediğimiz gibi yeni ekonomi şeffaflıkla yönetilecek. Kararların nasıl verildiğini herkes görecek ve bu kararları etkileyebilecek. İnsanlara kararların adil, tarafsız ve herkesin ihtiyaçları tamamen göz önüne alınarak verilmiş olduğunu hissettirecek pratik bir karar-verme süreci oluşturmanın tek yolu budur. Bu, sosyo-ekonomik istikrarı da artıracaktır.

11) **Ekonomik ve finansal istikrar:** Para piyasası şirketlerle yatırımcıların buluşma yeri olmaktan çıkıp, sistemin sağlam kalmasını umursamadan "fazladan hızla kazanılmış para" peşinde koşan, küresel pazarı sarsıp titretecek kadar gücü olan saldırgan küresel oyuncuların savaş alanına döndü. Ortak sorumluluk ekonomisi para piyasalarına, tekrar tekrar ortaya çıkan finansal sahtekârlıklara imkân sağlayıp gerçek ekonomi için felaketlere yol açmadan, tekrar gerçek işlevlerini kazanma imkânı verecek.

12) **Dengeli tüketim:** Aşırı tüketim peşinde koşmak çoktandır yaşamlarımızda ve dünya ekonomisinde temel bir unsur haline geldi. Ortak sorumluluk ekonomisinde bu kovalamaca yerini giderek dengeli bir tüketime bırakacak. Gerçekte bu süreç başladı bile. Bu süreç mevcut krizlerle ve rekabetçi, ziyankâr ve adaletsiz bir ekonomiden dengeli, işlevsel ve amacı her bireyin temel ihtiyaçlarını karşılamak olan bir ekonomiye kademeli bir dönüşümle bağlantılı. Bizi gereksiz ürün ve servisleri satın almaya ikna eden reklamlar ve diğer sosyal baskı biçimleri, bu çok sayıda gereksiz marka ve ürünle beraber yok olacak. Bunun yerine, topluma

Yeni Ekonomin Yararları
Dr. Michael Laitman

katkıda bulunma ve ortak refah için topluluk yaşantısına katılmanın gurur ve hoşnutluğu bunların yerini alacak.

Azalan talep nedeniyle fiyatlar da düşecek, mantıklı ve saygın bir hayat herkes için ulaşılabilir hale gelecek. Şirketler sadece gerçekten bize rahat ve dengeli bir yaşam için gerekenleri üretecek, ayrıntılarını "Yeni Ekonomide Dengeli Tüketime Doğru" bölümünde verdiğimiz gibi.

13) Küresel denge ve ahenk: Aşırıdan dengeli bir satın alma tüketimine dönüş dünyada gelecek pek çok yıl boyunca bize rahatça yetecek kadar doğal kaynak olduğunu ortaya çıkaracaktır. Doğal kaynakların sömürülmesi duracak ve dünyanın olağanüstü kendisini yenileme yeteneğini keşfedeceğiz.

Ortak sorumluluk ekonomisinin istikrarı, güçlü bir toplumsal bağlılık ve ortak alakaya dayanmasında yatar. Bu istikrar, küreselleşme çağındaki bu karşılıklı bağımlılığımız, bağlantımızı, toplumsal ve ekonomik sistemlerimizi tüm insanlığın gereksinimlerini karşılayan tek bir ahenkli sisteme dönüştürme zorunluluğunu anlamamızı gerektirir. Aynı zamanda, bu sistem hepimizin büyük potansiyelimizi gerçekleştirme ihtiyacını da desteklemeli ve teşvik etmelidir.

İşsizlik İçin Acil Plan

İşsizlik problemine doğru yaklaşım kişisel ve ulusal gelişim için bir sıçrama tahtası olabilir.

Kilit Noktalar

• Modern toplumda iş, hayatımızın merkezi haline geldi. Kişinin işi toplumdaki sosyal statüsünü tayin etmekte.

Dr. Michael Laitman

Yeni Ekonomin Yararları

- Ekonomik kriz Avrupa ve ABD'de yüksek oranda işsizlik yarattı ve bu oranın daha da artması bekleniyor. İstatistikler bize gerçekleri söylemiyor, işsizlik belirtilen rakamların çok daha üzerinde.

- Rekabetçi ve gereğinden fazla çalışan bir ekonomiden dengeli ve işlevsel bir ekonomiye geçişin ardından bunu hizmet, perakende satış ve sanayi sektörlerindeki büyük bir daralma takip edecek. Bu durumda dünyada yüz milyonlarca kişi işsiz kalacak. Enflasyon çift haneli rakamlara çıkacak.

- Dengeli bir ekonomide nüfusun %20'si tüm insanoğlunun var oluşu için gerekli her şeyi üretebilir.

- Yükselen işsizlik sosyal ve ekonomik bir saatli bomba gibi hükümetlerin ve tüm uluslararası sistemin istikrarını tehdit ediyor.

- Acilen ulusal mekanizmanın bir parçası olarak, bir eğitim sistemi inşa etmeli ve işsizleri bu sisteme almalıyız. Bu kişiler için eğitim görmek bir iş olarak kabul edilmeli ve öğrenimleri süresince hükümetler bu insanlara normal hayatta kendilerini geçindirebilecekleri miktar kadar, her öğrencinin ihtiyacına göre tayin edilecek bir "geçinme bursu" vermeli.

- Eğitim sisteminde öğretilecek konular, kişisel bütçe ve para idaresi, dünyanın yeni koşullarında var olmak için gerekli beceriler, Küresel-Bütünsel Dünya'nın işleyişi, bizim yaşamımıza, topluma ve ekonomiye olan etkisi, bir yaşama biçimi olarak ortak sorumluluğun avantajları.

- Bu program bu "saatli bombayı" etkisiz hale getirir ve hükümetlere geçiş sürecinde toplum içinde toplumsal sorumluluğa ve dengeli bir ekonomiye geçiş yapabilmeleri için gerekli zaman aralığını sağlar.

Yeni Ekonomin Yararları

Dr. Michael Laitman

Hayat İşten İbaret mi?

Son 200 yıldır iş, geçimimizi sağlamak, çocuk yetiştirmek ve yaşlılık için birikim yapma yolu olmanın ötesinde bir durum aldı. İşimiz, mevkiimiz ve gelirimiz, çoğumuz için özgüvenimiz ve toplum tarafından nasıl algılandığımızın temel belirleyicisi haline geldi. Genellikle iş aynı zamanda sosyal bir çerçeve, kişisel başarımız için bir gösterge olup küçük yaşta yetiştirilirken bize verilen bir değerdir. Bir çocuğa en sık sorulanlardan biri, "Büyüyünce ne olacaksın?" sorusudur. Cevapları da elbette bir meslek belirtmek oluyor. Ama neden çocuklar cevaplarını hayallerindeki meslekle sınırlıyorlar? Şu ya da bu işte çalışmak veya şu ya da bu mesleğin sahibi olmak özlem ve ilhamlarımızın en yüksek sınırı mıdır?

Görünüşe bakılırsa bugün böyle. Ancak bu her zaman mutlaka bu şekilde değildi. Kısa bir zaman öncesinde iş sadece kişinin bir hayat sürmesi ve ihtiyaçlarını temin etmesi için bir araçtı. Sanayi devrimi işi hayatımızın merkezi yaptı ve bu süreç kapitalizm geliştikçe daha da arttı ve gelişti. Hayatımızda işin öneminin artması ile birlikte iş kaynaklı stres toplumda yaygın bir olgu haline geldi. Bu döngüde daha çok para kazanıyor gibiyiz ama aynı zamanda da işi özgüvenimizin temeli olarak gördüğümüz için duygusal olarak işimize daha çok bağımlıyız.

İşimizi kaybedersek, elimizden geldiğince hemen tekrar iş ortamına geri dönmek için arayışa giriyoruz. Neden? Sadece maddi nedenlerden dolayı değil. İşsizliğin en büyük başarısızlık olarak görülüyor olmasından.

İşimizin kişisel itibarımız açısından önemi, aile ve toplumun buna göre bize verdiği değer, işsizliği yıkıcı bir

olgu yapar. Kişi işsiz kalınca, sadece işini değil, özgüvenini ve sosyal statüsünü de kaybeder.

Ekonomik Krizin İş Piyasasına Etkisi

Küresel krizler sonucunda ortaya çıkan en önemli problemlerden biri, işsizliğin artışıdır. Azalan talepler, kişisel tüketimin düşmesi, fabrikaların kapanması ve işverenlerin işçi kısıtlamasına gitmesi, krizin ortaya çıkardığı şeylerdir. Bu unsurların hepsi de iş piyasasını etkilemektedir. Sadece işsizlik artmıyor, piyasada mevcut iş sayısı da azalıyor. Başka bir deyişle kişi işsiz kalırsa tekrar iş bulması çok daha uzun zaman alıyor. Bazı işsizler iş bulmaktan ümit kestikleri için iş aramaktan vazgeçiyor. 26 Eylül 2011'de Ekonomik İşbirliği ve Gelişme Örgütü (OECD) ve Uluslararası Emek Örgütü (ILO) başkanları ortak bir bildirim yayınladılar, bu bildiride işsizlik krizinin ciddiyeti için duydukları endişeyi belirttiler: "dünyada 200 milyon kişi işsiz".[76] Ayrıca, "Avrupa'da 2012 yılı sonuna kadar iş açığının 20 milyondan 40 milyona çıkabileceği" uyarısında bulundular.

Ancak yakın bir zaman önce, ABD'deki işsizlik oranı %9'un altına indi ama gene de bu sayı çok yüksek.[77] Avrupa'da ve özellikle PIIGS ülkelerinde, (Portekiz, İtalya, İrlanda, Yunanistan ve İspanya) İtalya hariç işsizlik oranları çift rakamlı sayılarda seyrediyor.

---

[76] "G20 Labour Ministerial: Joint Statement by OECD Secretary-General Angel Gurría and ILO Director-General Juan Somavia," OECD, (September 26, 2011), http://www.oecd.org/document/17/0,3746, en_21571361_44315115_48753169_1_1_1_1,00.html

[77] "United States Unemployment Rate," Trading Economics, http://www.tradingeconomics.com/unitedstates/unemployment-rate

> **Yeni Ekonomin Yararları**
>
> Dr. Michael Laitman

Gençler arasında işsizlik daha da kötü durumda. 2011'de yayınlanan ILO'nun İş Dünyası Raporu: Piyasaları İş İçin Çalıştırmak başlıklı raporuna göre: "Verileri güncel olan ülkeler arasında yapılan bir araştırmada her beş genç insandan bir tanesi işsiz, yani %20 si, 2011'in ilk çeyreğinde işsizdi."[78] Eurostat işsizlik istatistiklerine göre işsiz gençlerin sayısı ciddi oranlarda artıyor ve AB bölgesinde genç nüfusa ait ortalama işsizlik oranı %21,4'dir, işsizliğin en yüksek olduğu ülkeler, %48,9 ile İspanya'da ve onu %45,1 ile Yunanistan takip etmekte.[79]

Gene bu rapora göre, yüksek işsizlik oranı birçok ülkenin politik ve sosyal istikrarını tehdit etmektedir. "Ekonomiyi canlandırma çabaları başarısızlıkla sonuçlandıkça toplumsal huzursuzluk daha da yaygın hale gelmektedir... 119 ülkede yapılan tespitlere göre, bu ülkelerin %40'ında toplumsal huzursuzluk 2010 yılından beri büyük artış göstermektedir. Benzer olarak bu ülkelerin %58'inde hayat standardının giderek düştüğü kaydedilmektedir. Bu ülkelerin yarısında hükümetlerin durumu düzeltebileceklerine dair güven zayıflamıştır.

"Bu raporun gösterdiğine göre toplumsal huzursuzluk eğilimini sadece istihdam yetersizliğine bağlı değil, krizin yükünün eşit olarak paylaşılmadığı algısına da bağlı olduğudur. Toplumsal huzursuzluk gelişmiş ekonomilerde, Ortadoğu'da ve Kuzey Afrika'da artış gösterdi."[80]

---

79 "Unemployment statistics," *European Commission, Eurostat*, http://epp.eurostat.ec.europa.eu/statistics_explained/index.php/Unemployment_statistics

80 *World of Work Report 2011: making markets work for jobs (International Institute for Labour Studies, 2011)*, ISBN, 978-92-9014-975-0, http://www.ilo.org/wcmsp5/groups/public/---dgreports/---dcomm/---publ/documents/publication/wcms_166021.pdf, p viii

Şu ana kadar ekonomik krizin Mısır, Yemen, Libya ve daha az da olsa İspanya ve İtalya ve hatta ABD'de de Wall Street İşgal Eylemleriyle ve İsrail'de 2011 yazındaki halk protestolarına neden olduğunu gördük.

Birçok ülkede artan gerilime ek olarak krize getirilen, genelde devlet hazinesi ile ve parasal ve özelde işsizlikle ilgili geleneksel çözümler, ülke borçlanmaları giderek korkunç boyutlara ulaştığı halde, özellikle işsiz kesime hiç bir fayda getirmemiştir. Birçok ülkenin ödeme gücü tehdit altındadır ve hükümetlerin işsizlik gibi sosyal problemlerle başa çıkmalarını baltalamaktadır. Böyle bir durumda, işsizlik çok daha hızlı bir artış gösterecek ve bu durum sıkıntıların artmasına, sosyal ayaklanmaların yoğunlaşmasına ve hükümetlerin istikrarlarını kaybetmesine ve tüm uluslararası sistemin çökmesine gidebilecektir.

İşsizliğin Artışı Tersine Çevrilebilir mi?

Ekonomik krizinin getirdiği zorluklar arasında, sanayi ve aşırı şişmiş olan hizmet sektöründeki üretimin daralması da vardır. Bu durum piyasalardaki, uluslararası ticaretteki, kişisel harcamalardaki ve uluslararası borsalardaki daralmalar nedeniyle olur. İşten çıkarmalar sadece özel sektörde beklenmiyor, kamuda da bekleniyor çünkü hükümetler acil planlar uygulamaya zorlanıyorlar ve bu planın bir bölümü de kamu çalışanlarının işlerine son vererek harcamaları indirmek.

Bu küresel kriz geleneksel ekonomi ve parasal faaliyet döngülerinde her zaman kriz ve düzelme evreleri ile karakterize edildiği gibi değil. İnsanoğlunun sürekli tek ve

Yeni Ekonomin Yararları

Dr. Michael Laitman

küresel bir sisteme doğru ilerleyişi daha sıkı ve iç içe bağlar içeren bir ağ oluşturmuştur ve aramızdaki bu bağlılık önüne geçilemeyecek bir değişim süreci getirmiştir. Eğer kendimizi ekonomik ve toplumsal ilişkilerimiz de dâhil olmak üzere Küresel-Bütünsel Dünya'nın getirdiği değişikliklere uyarlayabilirsek, bu yeni sistemin kanunlarıyla denge oluşturabiliriz. Şu an bazılarını olumsuz ve hatta felaket gibi algılasak bile, bu yeni sistem bize çok büyük avantajlar getirir. Bu eğilimler içinde algıladığımız en göze çarpan olumsuz eğilim, şu anda işsizliğin istikrarlı olarak artmasıdır.

Tüketimdeki düşüş, sanayideki daralma ve üretimin daralması geçici bir durum değil. İkisi de zorunludur ve yıllardır süren aşırı tüketimden mantıklı tüketime dönüşü yansıtır. Başarısız olan küresel ekonomi, rekabeti, egoizmi ve entrikalarıyla tarih sahnesinden inecek ve doğal ve dengeli bir yapıya dönecektir. Sanayinin, hizmet, ticaret ve kamu sektörünün daralması zorunlu bir koşuldur.

Neo-liberalizm dönemi aşırılığının hüküm sürdüğü son 30 yıldır kontrolden çıkmış olan ekonomik sistemler, insan neslinin makul ve rahat bir hayat için gerekli ihtiyaçlarını karşılamaya yetecek, adil ve ahenkli bir seviyeye, doğal bir boyuta inecektir.

2011 yılında Ekonomik Bilimler Lindau Nobel Ödülü Toplantısında, Dr. Joseph E. Stiglitz, "İşleyen bir ekonomiyi hayal etmek: Kriz, Bulaşıcılık ve Yeni Bir Modele Olan İhtiyaç" başlıklı sunumunda önemli yeni görüşler aktardı.[81] Sunumunun yaklaşık on beşinci dakikasında, Dr. Stiglitz şu cümleyi söyledi: "Bugün sanayileşmiş ülkelerde nüfusun yaklaşık %3'ü tarımla ilgileniyor ve obur bir toplumun tüketebileceğinden bile daha fazlasını üretiyor."

---

[81] "Short films from the 2011 Lindau Nobel Laureate Meeting in Economic Sciences," The New Palgrave Dictionary of Economics Online, http://www.dictionaryofeconomics.com/resources/news_lindau_meeting

Belli ki, nüfusun %90'ının ve hatta %50'sinin bile çalışıyor olmasına gerek yok. Tüm tarımsal, sanayii ve toplumsal hizmetlerin karşılanması için toplumun %20 'sinin çalışması yeterlidir. Başka bir deyişle, artan işsizlik geçici bir dönem değil, insanoğlunun içine girmeye başladığı yeni bir safhadır.

Görüldüğü üzere, insanoğlunun dengeli tüketime dönmesi demek, dünyadaki yüz milyonlarca kişinin sürekli olarak işsiz kalmasıdır. Eğer önerdiğimiz işsiz eğitimi programını uygularsak, bu değişim hoş karşılanacaktır. Bu eğitim aramızdaki ilişkilerin, hayatın her alanında herkesin diğer herkese bağımlı olduğu küresel ve bağlantılı bir dünya ile uyumlu hale dönüşmesini hızlandıracaktır.

Eğer küresel kitlesel işsizlik sorununa doğru yaklaşmazsak, bu durum hükümetleri ve rejimleri devirebilir ve küresel bir felakete neden olabilir.

İstatistikler İşsizlikle İlgili Gerçeği Söylemiyor

ABD ve Avrupa'daki gerçek işsizlik rakamları raporlarda yazılanların çok üzerindedir. Rakamların hesaplanmasına gönüllü olarak iş aramayan ve tekrar iş bulmaktan ümidini kaybedip de iş aramayan insanlar hesaba katılmamaktadır. İşsizlik oranı 16-64 yaş grubundaki genel çalışan nüfusun çalışmayana göre oranlarına göre hesaplanıyor ve bu insanların hesaba alınmaması rakamları olduğundan çok daha düşük göstermektedir.

Birçok ülkede, yarım gün çalışanlar, haftada bir saat çalışıyor olsa bile, çalışıyormuş olarak kabul edilmekte. İşsizlik oranı hesaplamalarında birçok yanlış varsayım

Dr. Michael Laitman

bulunmakta ve bu tür varsayımlar rakamları düşürmekte. Devletlerin verdiği işsizlik rakamlarının üzerine bir %25-%50 eklemek hiç abartılı olmaz.

Küresel ekonomik krizden kaynaklanan daralma ve dengeli ekonomiye dönüş işsizliği daha da yükseltti ve işsizliğin hızla artması ve muazzam boyutlara ulaşması beklenmektedir. Bu, devreye girmiş ve fazla zamanı kalmamış toplumsal bir saatli bombadır.

İşsizlik Hükümet ve Rejimlerin İstikrarını Tehdit Etmektedir

Hükümetler ve karar mercileri işsizlik oranının artmasından endişelenmektedir, çünkü sosyal ve ekonomik huzursuzluktan korkmaktalar. Hükümetler işsizleri bir an önce işe tekrar yerleştirmek için çaba sarf etmekteler ve bunun için belli bir dönem işsizlik sigortası bile vermeye razılar. Ancak yöneticiler şu önemli soruyu sormuyor: "Ülkede normal ve dengeli bir hayat için halkın ihtiyacı nedir? İşsiz insanları bir an önce işe dönmeye itmek ve işe sokmak doğru mu? Bundan kim kâr elde ediyor?" Bir başka nokta ise şu, halk tatmin olmazsa tekrar aynı politikacılara oy vermez ve politikacılar da bunu gayet iyi biliyorlar. Üçüncüsü, şimdilik sakin olan protestoların akın akın tüm dünyada, bazı Arap ülkelerinde görüldüğü gibi, şiddete dönüşeceğine dair ciddi bir endişe var. Şimdiden şiddet ve ırkçılık içeren bir takım eylemlere Fransa, İngiltere, İtalya ve Yunanistan'da şahit olduk.

Geri-plandaki Arap baharı, yönetimden indirilen liderler, iç savaş ve kan dökümü ve Batılı devletler ve ekonomistlerin de endişesi bu olayları Batı'da fişekleyebilecek işsizlik.

Dr. Michael Laitman

> Yeni Ekonomin Yararları

İşsizlikle Başa Çıkmak İçin Acil Bir Program

Gördüğümüz üzere, işsizliğin artması ve artmaya devam edeceği tahminleri derhal dikkate alınması gereken bir sorun yarattı. Halen ekonomisi sağlam olan ülkeler bile, bu bölümde söz ettiğimiz eğitim programını kabullenmelidir. Dünya üzerindeki ekonomiler ve finans piyasaları arasındaki bağımlılık, krizlerin yayılacağına ve herkesi etkileyeceğine hiç şüphe bırakmaz. Örneğin Almanya Euro Bölgesi'ne göbeğinden bağlıdır. Bu ülke Avrupa'daki mevcut krizlerden zaten zarar gördü ve şu anda yakın bir gelecekte düzelme imkânı çok cılız görünüyor.

Kapalı Küresel-Bütünsel bir sistemde, küresel bir köyde, kaderimizin birbirimize olan tavrımıza bağlı olduğunu herkes çok iyi anlamalıdır. İlişkilerimizin karşılıklı düşünceye, sosyal dayanışmaya, dengeli tüketime, iş birliği ve uyumlu çalışmaya dayanması bugün zorunlu hale gelmiştir. Zamanımızın karmakarışık, dengesiz gerçekliği dünyadaki herkesin farkındalığının değişmesi için bir çağırıdır. Hepimiz bu yeni ilişkiler ağı içinde yaşamayı öğrenmeliyiz. Kendimizi buna nasıl uyarlamamız gerektiğini bilmek durumundayız. Yoksa temelde buna karşı durumda kalacağız ve bu ilişkiler ağı ile aramızdaki uçurum büyüdükçe, kişisel, toplumsal ve küresel krizler kötüleşmeye devam edecek.

İşsizlik Sorunu için Düzenlenecek Acil Çözümün Amacı

İşsizlik problemini ele alacak acil düzenlemeyi aşağıdaki amaçlarla oluşturmamız gerekmektedir:

Yeni Ekonomin Yararları

Dr. Michael Laitman

- İşsizler (detayları aşağıda olan) düzenli bir eğitim programı çerçevesine alınarak "çalışan" olarak tanımlanır. Bu eğitime katılan herkes sosyal statüsünde ve devlet istatistiklerinde "işsiz" olarak tanımlanmaktan çıkar.

- Bu eğitim çerçevesinde olan kişi hayatını normal ve makul bir hayat standardında devam ettirecek bir maaş almalıdır, maaşın alınmasını tayin eden şey kişinin bu eğitim programında devam etmesidir. Kişinin aldığı maaş kişinin itibarını düşüren "işsizlik sigortası" adı altında değil ama "burs" veya "eğitim ödeneği" olarak adlandırılacak ve aynı zamanda o kişinin bu eğitim programında olduğunu teyit edecek. Kullanılan kelime ve tanımlar bu aşamada son derece önemlidir.

- Burs miktarını devlet bu çalışan kişiye ve ailesine normal ve makul bir yaşam seviyesi sağlamaya uygun miktarda verecek.

- Bir başka önemli amaç da işsizliğin, kişinin kendisini kötü hissetmesini ve toplumsal gösterilere yol açmasını engellemektir. Nasıl kişinin normal işi sosyal bir çerçeve oluşturuyorsa, bu yeni eğitim programı da sosyal bir çerçeve olacak. Bu sosyal çerçeve sadece kişinin gerginliğini azaltmakla kalmayacak, aynı zamanda kişiyi sağlıklı günlük bir çalışma programına dâhil ederek tembellik, suç işlemeye yönelik eylemlerden veya bir takım kötü alışkanlıklardan alıkoyacak. Devlet bursu karşılığında eğitim çerçevesinde yer alan kişi "iş bulmuş" statüsünde değerlendirilecek. Öğrenerek beceri edinmek; kişinin gelişen ve değişen dünya koşullarında kişisel onuru incinmeden hayatını idame ettirebilmek, kişisel gelişim sağlayarak toplumsal sorumluluk ve toplumun iyiliğine yönelik davranış anlayışı edinmek bu kişinin işi olacak. Böyle bir kişi öncelikle kişisel seviyesini yükseltmiş olur, bunun için maaş almış olur ve devletin kendisini ve geleceğini umursadığını hissetmesi sokakta şiddet eylemlerine gitmesine engel olur.

- Tekrar çalışma hayatına dönmesi için pratik koşullar (aşağıda detaylar sunulmuştur).

- İşsiz kişinin sosyal statüsünü dışlanmış birinden, sosyal ve profesyonel becerilerini geliştiren ve kişisel ilerleyiş kaydeden birisi statüsüne yükseltmek.

- Hükümete yönelik artan sempati ve sosyal kaynaşma; - bu durum ekonomik kriz dönemlerinde pek görülmese de - geliştirilebilir. Krizin ve nedenlerinin anlaşılması, tartışma ve başkaldırıları engeller, toplumsal dayanışma oluşturur, devletin kurumlarına yönelik iyi bir yaklaşım oluşur ve bu anlayış ve duygudaşlık vasıtasıyla toplumun her seviyesinde değişim için gerekli dinamikler oluşmuş olur.

Eğitim Programının İçeriği

İşsizlerin öğrenmek için "işe alındıkları" devamlı öğrenim programının içeriği aşağıdaki gibidir:

- Kişi ve aile ekonomisi ve bütçesi, alınan burs ile onurlu bir hayat seviyesinde yaşama eğitimi. Aile bütçesinin açık vermesi küresel bir olgudur. Bunun ilacı kişinin, parasal imkânına göre bir rutin edinmesi onurlu bir hayat sürmesine imkân verir. Bu tür kurslar zaten var ve son derece başarılı sonuçlar vermektedirler.

- Belirsizlik koşullarında gerekli hayat becerilerini öğrenmek; örneğin ailevi birlikteliği korumak, anne ve babalık becerileri, ruh ve zihin sağlığını korumak ve iyi insan ilişkileri becerileri gibi. Kişinin yakın çevresindeki ekonomik ortamında işlevsel olabilmesi için, krizlerin kişisel ve toplumsal hayatını, çevresini ve kişinin değer

Yeni Ekonomin Yararları

Dr. Michael Laitman

yargılarını nasıl etkilediği vurgulanarak gerekli araçları edinmesine de yardımcı olunacak.

- Bu küresel dünyadaki herkes, hepimiz – halktan kişiler, politikacılar, zengin iş adamları – aynı gemide olduğumuzu anlamak zorundayız. Bu öğrenim küresel krizlerin nedenlerini ve hayatımızı nasıl etkilediğini açıklayacak, bireyler, firmalar, uluslararası dünyanın bütün ülkeleri arasındaki karşılıklı bağlantıyı, geri çevrilemez olan bağımlılığın anlaşılmasını ve insan ilişkileri bakımından yapmaya zorunlu olduğumuz – iletişim biçimimiz, iş birliğimiz, günlük hayatı sürdürmemizdeki – değişiklikleri de içerecek.

- Küresel ve bağlantılı bir dünyada, istikrarlı ve huzurlu bir yaşam için gerekli sosyal beceriler: Sosyal dayanışma, başkalarını ve çevreyi düşünmek, dengeli tüketim vb. Kursun bu bölümü, işyerlerinin eğitim kurumlarının ve aile birimlerinin sosyal ve ekonomik yapıları için gerekli dönüşümleri açıklayan bilgileri de içerecek. Eğitim ve bilgilendirme yapıları temel bir içsel değişim gösterecek. Bunu kitlelerin insan ilişkilerindeki dönüşümü ve gerçekliğin küresel ve bütünselliğini içselleştirmeleri izleyecek. Bu dönüşüm rekabet, bireycilik, bencillik ve menfaat temelinden, sistemin tüm parçaları arasındaki ortak bağımlılık için gereken, iş birliği, ortak düşünce, başkalarının ihtiyaçlarını dikkate alma, dengeli tüketim ve ortak sorumluluk temeline olacak.

- Yeterli nitelikleri edinen öğrenciler, yeni gelenleri bu çerçevede eğitmek üzere eğitmen olacak.

Tüm materyal sosyal etkinlikler, hayattan benzer koşullar yaratılarak, grup çalışmasıyla, oyunlarla ve multimedya ile öğretilecek. Eğitim klasik sınıf, masada hoca ve sıralarda oturan öğrenci düzeninde olmayacak.

Programın İşsizlikle Başa Çıkmada Devlete Faydası

- Ülkede istikrar. Hükümet, halk tarafından ilgisiz veya yapabileceğinden azını yapıyor diye algılanmaz, tam tersi işsizliği öncelikli konular arasına koyduğunu, bunun için önemli bir kaynak ayırdığını ve ülkenin insan kaynaklarını ve toplumsal becerilerini arttırmaya yönelik çalışıyor diye algılanır.

- Ülke içinde devlete ilgi ve sempatiyi pekiştirir ve ulusal morali yükseltir. Programın uygulanışından birkaç ay sonra, sokak gösterileri arayan veya karışıklık çıkaran bir nesil yerine yeni bir nesil oluşur. Bu bireyler krizlerin nedenini ve işlerini neden kaybettiklerini biliyor olacaklar. Küresel ve bağlantılı bir dünyanın kanunlarını ve her bir bireyin ve tüm toplumun zorunlu olarak yapması gereken değişiklikleri de biliyor olacaklar.

- İyimserlik büyük bir güç kaynağıdır. Tüketimi özendirmeye dayalı olamayan fakat makul bir tüketim ve karşılıklı güvenceye dayanan dengeli bir ekonomi yaratmak zorunda olduğumuzun idraki bize ekonomik ve sosyal bir vizyon sağlar. Bu tür bir nesil ekonomik refahı, politik ve sosyal başarıları, sağlıklı bir hayatı ve mutlu bir aile hayatını elde edebilir. Bu iyimser hava, devlete krize yönelik aldığı önlemleri alelacele verilen karar ve uygulamalarla değil, sürdürülebilir ve istikrarlı temellere göre inşa edilen çözümler bulabilmek için gerekli zamanı tanımış olur.

- Kaynak tasarrufu sağlar. Yeni eğitim sistemini finanse etmek, bursların ödenebilmesi ve eğitim

programının bir "iş" olarak tanımlanması elbette paraya mal olacak ama aynı zamanda da birçok kaynak ve para tasarrufunu da beraberinde getirecek. Hükümetlerin çoğu kriz zamanında büyük yapı projeleri gerçekleştirirler ve birçok kişi buralarda iş bulur. Alt yapı, yollar ve ulaştırma yatırımları bu tür bir eğitimden çok daha fazla maddi kaynak yutmaktadır. Dahası, altyapıya yapılan yatırımlar bugünün küresel ve herkesin birbirine bağlı olduğu hayatın problemlerini çözmez. Gizli işsizliğin zararlarının ve getireceği tehlikelerin – hem özel hem de kamu sektöründe – maddi boyutu muazzam olacaktır. Kamu sektörünün AB ülkelerinde ve ABD'de büyük ölçüde daralacağı beklenmektedir, bu yüzden işsizleri yeni eğitim programına almak ulusal yapılaşma projelerinde işe almaktan daha ucuza mal olacaktır.

• İşsizlikle başa çıkmak için finansman: Birçok ülkede kamu sektöründe çalışanların kamuya maliyetleri işsizlik nedeniyle gereğinden fazla yüksektir ve yüksek oranda gizli işsizliğe yol açar. Gizli işsizlik tanımında olan bir kişinin maaşı en az iki işsiz kişiye eğitim bursu sağlayabilir. İşsizlikteki beklenen artış ve bu tasarruf edilen miktar yeni eğitim yapısının inşa edilip sürdürülmesine yatırılabilir ve işten çıkarılan kişilerin doğrudan bu eğitim sistemine girmeleri yeni bir hayata geçişin ilk adımı olacaktır.

• İşsizliğin beklenen artışı ile doğacak mali kaynakların detayları için "Sermaye Fazlası ve Halkın Refah ve Mutluluğunun İyileştirmek" bölümüne bakınız.

Programın İşsizlere Olan Faydası

İşini kaybetmiş insanların hemen eğitim programına başlamaları çok faydalı olacaktır çünkü ailelerine bakmaya

devam edebilecekler, aile bütçelerini ve hayatlarını yaşamaya ve idare ettirmeye yönelik beceriler elde edecekler, sosyal statülerini ve özsaygılarını arttıracaklar ve günümüzün karşılıklı bağımlı küresel hayatında var olmak için gerekli sosyal becerileri elde edecekler. "Genel perspektifi anlamak" için alınan eğitim herkese dünyayla bütünleşebilme becerisi vereceğinden kişinin etrafında sürekli toplum desteği bulunacak ve bu da kişinin geleceğe ümitle ve olumlu bakmasını sağlayacaktır. Aynı zamanda bu kişinin işi (eğitim), ailesi ve çevresiyle arasında çok daha dengeli bir yaşama biçimini oluşturabilecek.

Sosyal Tansiyonu Düşürmek

Sonuçta, işsizliğin henüz zirveye ulaşmadığı ama çok büyük bir artışın beklenmekte olduğu gerçeğiyle yüzleşmek bu aşamada zordur. Ancak şu anki ekonomik ve sosyal sistem işsizlik oranları çift haneli rakamlara çıktığında ortaya çıkacak sonuçları kaldırabilecek kapasitede değil. Önerilen eğitim programı hem hükümetlerin hem de yurttaşların karşılıklı olarak bu yeni duruma alışmasına olanak sağlayacak. Bu özel eğitim programı şiddeti ve tedirginliği engelleyecek. Kişinin, mevcut krizlerle ortaya çıkan yeni karşılıklı bağımlılıkla uyumlu insan ilişkilerindeki dönüşüme doğru ilerlerken, normal hayatına devam etmesini sağlayacak. Bu değişim ortak sorumluluk çatısı altında yeni ve dengeli bir ekonomiyle sonuçlanacak, insanların temel ihtiyaçlarını karşılamanın yanı sıra süreklilik ve istikrar içeren bir sosyal yapı, içsel tatmin veren kaliteli, ahenkli ve daha derin bir yaşama da fırsat sağlayacak.

Yeni Ekonomin Yararları

Dr. Michael Laitman

İleride, birçok insan bu programa büyük bir ihtimalle koşulların zorlaması ile değil, gönüllü olarak katılacaktır. Bazıları bunu bir hayat tarzı olarak bile benimseyeceklerdir. Üretkenlik ve teknolojik gelişmedeki artış ve dengeli ve mantıklı bir ekonomiye geçişle, dünyadaki tüm insanların çoğunun bu eğitim programının öğrettiği prensipler içinde yaşamayı seçeceği varsayımı ile herkesin itibarlı bir hayat sürdürebilmesi için gerekli olan dönüşüm kolaylaşacak.

Yaşamlarımızı sürdürmek için az sayıda kişi ile tarımsal ürünler, az sayıda kişi ile endüstriyel ürünler ve az sayıda kişi ile gerekli hizmet ve ticaret işleri sağlanacaktır. Mala ve rekabete odaklanılmadığı sürece, bu işleri dönüşümlü yapmak mümkündür. Bunun yerine kişisel ve toplumsal gelişime, ortak sorumluluk ile bağımızı güçlendirmeye, insanlar arası ilişkilerdeki ve Doğa ile aramızdaki ahengi güçlendirmeye odaklanırız.

Ekonominin Psikolojisi

Sosyal çevrenin takdiri ve topluma katkıda bulunmaktan duyulan keyif ortak sorumluluk ekonomisinin "yakıtı" olacaktır.

Kilit Noktalar

- İnsanoğlu en az çabayı göstererek mümkün olan en çok yararın peşinden koşar.

- Davranışçı ekonomi bilimi öngörülen ekonomik davranışı psikolojik ve toplumsal açıdan ele alıp birleştirir.

- Herkes, bunun farkında olmayanlar bile, toplumdan büyük ölçüde etkilenir. Kendimizi çevremizdekilerle karşılaştırarak değerlendiririz ve etrafımızdakilerden daha aşağıda olmaya tahammül edemeyiz.

Dr. Michael Laitman

Yeni Ekonomin Yararları

- Mevcut toplumsal ve ekonomik yapıların içinde ne insanlar tatmin bulabilirler ne de toplum istikrarlı kalabilir.

- Yeni toplum, göreceli ve herkesin özel durumuna göre olan bir eşitliğe dayanarak güçlenecek ve gelişecek.

- Ortak sorumluluğa dayanan bir ekonomi özgeci nitelikler taşır.

Her bilimsel yöntem bir varsayım ile başlar, ekonomi bilimi de bu kuralın dışında değildir. Pozitif bilimler, mineraller, bitkiler ve geniş anlamda kozmos ile uğraşırken, ekonomi çok daha uçucu ve değişken bir şeyle; insan doğası ile uğraşır. Ekonomi biliminin de böyle öncülerinden biri John Stuart Mill'in[82] "homo economicus"dur (ekonomik insan). Ana hatları ile anlatılırsa, ekonomik insanın, yani hepimizin, amacı en az çabayı göstererek mümkün olan en çok yararı elde etmektir.

Ekonomik insan neden haz alır? Üretilenleri tüketmekten. Ne kadar çok tüketirsek, o kadar çok hayattan keyif alırız. Ayrıca sıkı çalışmaya da meraklı değiliz, bu nedenle de her şeyi üretilmesi için gereken çaba ile ölçeriz. Ekonomik insan bütçesinin sınırları içinde amacına en uygun olanı seçerek en büyük faydayı sağlamak ister.

Davranışçı Ekonomi: Para Her şey Değildir

Yakın zamana kadar, ekonomistler, faydanın maddesel varlıklarla ölçülebileceğini ileri sürerlerdi. Yani daha çok tüketirsek daha keyifli oluruz. Bu yaklaşım bizi şimdi bulunduğumuz duruma getirdi; parası olmak en yüksek başarı noktası.

---

[82] "John Stuart Mill," Primary Contributor: Richard Paul Anschutz, Encyclopedia Britannica, http://www.britannica.com/EBchecked/topic/382623/John-Stuart-Mill

Yeni Ekonomin Yararları

Dr. Michael Laitman

Bu yaklaşıma göre, insan akılcı bir varlıktır, ekonomide bu temel bir kavramdır. Akılcı bir kişi tüm seçenekleri değerlendirir ve sonuçta, maddi kaynak, para veya ürün olarak maddesel bakımdan en kârlı olanı seçer. Böylece, paranın kıstas olarak kullanıldığı toplumsal bir değer yargısı geliştirdik.

Oysa davranışsal ekonomi insanların karar verirken paranın yanı sıra birçok başka unsuru da hesaba kattıklarını gösterdi. Buna bir örnek, davranışçı ekonomide iyi bilinen "ültimatom oyunu"[83] deneyidir. Bu deneyde iki katılımcının aralarında belli miktarda bir parayı, diyelim ki 100$'ı paylaşmaları gerekir. İlk katılımcı ikinci katılımcıya paranın bir miktarını vermeyi önerir, eğer ikinci katılımcı kabul ederse parayı bu şekilde paylaşırlar, eğer kabul etmezse ikisi de bir kuruş bile alamaz.

Eğer para hesaba katılan tek unsur olmuş olsaydı, ikinci katılımcı önerilen para ne miktarda olursa olsun, bir dolar bile olsa, diğer kişi paranın geri kalanının hepsini alacak olduğu halde kabul ederdi, çünkü öncesine göre bir dolar daha fazla parası olurdu. Ama çoğu durumda katılımcılar sadece eşit dağılımı kabul etmiş ve eğer önerinin adil olmadığını hissetmişlerse, bir dolardan çok daha fazlasını kaybetmeye razı olmuşlardır.

---

83 http://en.wikipedia.org/wiki/Ultimatum_game

Dr. Michael Laitman

Yeni Ekonomin Yararları

Mutluluğu Araştırmak

Jerusalem Hebrew Üniversitesinde Ekonomi Profesörü Eyal Winter, şöyle açıklar: insanoğlunun ekonomik refaha özlem duyduğu açıktır ve bu çoğunlukla "iyi ve mutlu olmak" olarak tanımlanır. İnsanlık tarihi boyunca çoğunlukla ekonomik başarı hayatta kalmanın zorunlu koşulu oldu ve bu nedenle klasik ekonomi, kişinin kazancını yükseltmek için mücadele ettiğini varsayar.[84] Sonuçta, içimizde gelişmiş olan bir mekanizma yaşamak için gerekli olanı edinmeye bizi zorlar ve bu kendisini para olarak ifade eder.

Ancak, pozitif psikoloji Profesörü Ed Diener ve Dr. Robert Biswas-Diener pek çok araştırma sonucunda şunu buldular: "Kişinin sübjektif refah ve mutluluğu (SRM) ile geliri arasında çok küçük bir bağlantı vardır ... her ne kadar bu ilişki yoksul ülkelerde daha büyük gibi görünse de ..." Dahası, "Maddiyata başka şeylerden daha çok değer veren insanlar eğer zengin değillerse, mutsuz olmaya daha meyilli oluyorlar. Bu nedenle, daha fazla para yoksulluğu engellediği ve gelişmiş bir toplumda yaşandığı için SRM'i arttırabiliyor, ancak gelirleri arttıkça maddi talepleri de bununla beraber artan varlıklı kişiler tarafından kazanılıyorsa SRM'de uzun vadede az bir artış görülüyor.[85]

Başka bir ilginç çalışmada, "Piyango Kazananlar ve Kaza Geçirenler: Mutluluk Göreceli mi?"[86] piyango kazananlarla kazada sakat kalanlar arasındaki mutluluk seviyesi karşılaştırılmıştır. Bu olaylardan yaklaşık olarak 1 sene sonra piyango kazanan kişinin trajik kazada sakat kalan kişiden daha fazla mutlu olmadığı görülmüştür.

---

84 http://www.ma.huji.ac.il/~mseyal/

85 http://www.intentionalhappiness.com/articles/July-2009/Money-Happiness-2002.pdf

Yeni Ekonomin Yararları

Dr. Michael Laitman

Vermenin, İşbirliğinin ve Dürüstlüğün Hazzı

Temel bir ihtiyacın karşılanması açısından maddi refah geliştikçe binlerce yıldır sosyal bir çerçeve içindeki yaşam bizde birçok yeni ihtiyaçlar geliştirdi. Sosyal bir hayat sürmenin biçimlendirdiği bu temel ihtiyaçlardan birisi, verme ve alma ihtiyacıdır. Toplumun sürdürülebildiğini artırdığı için insanlar her zaman iş birliği içinde çalışmıştır. Mağara adamları ortak bir hayat sürdürdüklerinde avlanmakta, kendilerini ve klanlarını korumada çok daha başarılıydılar. İş birliği yapmayan birey toplumdan atılma tehlikesindeydi ve bunun sonu da çoğunlukla ölüm demekti.

Maddesel refahımızı sağlamak üzere iş birliği yapmaktan tatmin duyma eğilimi hâlâ içimizde kuvvetle mevcuttur. Davranışçı ekonomi biliminde sık oynanan oyunlardan biri "Diktatör Oyunu" diye bilinir. Bu oyunda, oyuncuya belli bir miktar para verilir ve bunun ne kadarını alıkoyacağına karar vermesi beklenir. Oyuncuların yaklaşık %80'i diğer oyuncuya bir miktar para verir, %20'si bu parayı eşit olarak paylaştırır.[87] Bu oyun bize vermenin, iş birliğinin ve tarafsızlığın bize sadece para verilmesinden çok daha fazla keyif verdiğini göstermekte.

---

86 Brickman, Philip; Coates, Dan; Janoff-Bulman, Ronnie, "Lottery winners and accident victims: Is happiness relative?" Journal of Personality and Social Psychology, Vol 36(8), Aug 1978, 917-927,
http://psycnet.apa.org/index.cfm?fa=buy.optionToBuy&id=1980-01001-001

87 http://en.wikipedia.org/wiki/Dictator_game

Sosyal Etki

İnsanlar kendilerini kendi toplumları ile olan ilişkilerine göre ölçerler. Bu nedenle sosyal ilişkileri sırasında ortaya çıkan duygulara dayanan kararlar verirler. Yukarıda sözü edilen "ültimatom oyunu"una katılanların beyin aktiviteleri önerilen miktar parayı alıp almamaya karar verirlerken monitörle izlenmiştir. Önerileni alma sürecinde beynin iki ayrı bölümünün – mantıklı karar vermekle görevli bölümü ve öfke ile görevli bölümü - çalışmakta olduğu ortaya çıkmıştır.

Katılımcı önerinin ne kadar haksız olduğunu düşünürse, beynin mantıklı karar verme bölümüne göre beynin öfke bölgesi o kadar daha çok aktif hale geçmektedir. Katılımcın parasız kalma pahasına öneriyi reddetme eğiliminde olduğu gözlemlenmiştir.

Kişi kendisini daima kendi referans grubu ile karşılaştırır. Çünkü toplumsal yapımız bu davranışlara, hoşnutluk ve tatmin veya ilgisizlik, hayal kırıklığı ve öfke duygularına neden olur. Bu tepkiler toplumsal ilişkilerimizin sonucudur ve bizi hem kendimiz hem de topluma karşı olumsuz sonuçları olan seçimler yapmaya yöneltebilir.

Bu pek çok çalışmada ortaya çıkmıştır, Profesör Sara Solnick ve David Hemenway'in "Duruma Bağlı Kaygılar Bazı Alanlarda Diğerlerine Göre Daha mı Güçlü?" adlı çalışmasında olduğu gibi. Çalışmalarında, "belli bir para ile satın alma gücü verilen katılımcıların hemen hemen yarısı daha yoksul bir dünyada yaşamayı tercih etmişler, eğer insanların çoğu 800.000$ yerine 100.000$ kazanıyorsa, 400.000$ yerine 200.000$ kazanmak istediklerini" öne sürerler.

Ancak, çevrenin etkisi yanı sıra kendimizi diğerleri ile karşılaştırmamız birlikte olumlu sonuçlar da getirebilir. The EpochTimes'dan Justina Wheale 8 Nisan 2011'de "Dr. Karl Aquino ve ekibinin Journal of Personality and Social Psychology'de yayınlanan yeni bir çalışmalarında, fevkalade özverici bir davranışa tanık olan insanların büyük ihtimalle yardımsever davrandıklarını ortaya çıkardılar,"[88] diye yazdı.

Dr. Akino ve ekibi şunu da yazdılar "Bir çeşit duygusal tepki verirler; esinlenmişlerdir, bu davranıştan huşu duymuşlardır ve böylece şiddetli psikolojik tepkiler verebilirler. Bunun gibi pek çok sıra dışı özgecil (altrustic) uygulamaya şahit olmak onları çoğunlukla başkaları için verici olmaya yöneltir."

Duygusal Bulaşma

Birbirimizi farkında olduğumuzdan çok daha fazla yolla etkileriz. Birbirimiz üzerindeki etkimiz, yalnızca başkalarında gördüğümüz ve ölçtüğümüz değil, araştırmalar biz farkına bile varmadan başkalarını "duygusal etki"lediğimizi ve başkalarından da bize "duygu bulaş"tığını gösterir. Kişilerin ifadelerini değerlendirip duygusal durumlarını anlamamız durumunun ötesinde beynimizde "ayna nöronları" diye adlandırılan hücreler vardır, bunlar diğer insanların davranışlarına beynimizin aynı bölgesini aktive ederek tepki verirler, sanki aynı davranışı yapıyormuşuz gibi.

---

[88] Justina Wheale, "Witnessing Acts of Compassion Prompts People to Do Good," The Epoch Times (April 8, 2011), http://www.theepochtimes.com/n2/science/witnessing-acts-of-compassion-prompts-people-to-do-good-study-54278.html

Acaba sadece karşılaştığımız insanlardan mı etkileniyoruz? Hiç tanımadığımız insanlardan bile etkilendiğimiz ortaya çıkmıştır. Bağlantılı: Toplumsal Ağların Şaşırtıcı Gücü ve Hayatımızı Nasıl Belirlediği – Arkadaşlarımızın Arkadaşlarının Duygu, Düşünce ve Yaptıklarımızı Nasıl Etkilediği adlı kitapta Dr. Nicholas A. Christakis ve Profesör James Fowler birbirine bağlı bir sosyal ağ içindeki insanların birbiriyle kaynaştığını kavramsal olarak tanıtırlar. Christakis ve Fowler'e göre hayatımızın önemli alanları bizden üç derece uzakta bulunan insanlarca bile etkilenmekte, onları kişisel olarak tanımasak bile.

"Araştırmamızın gösterdiğine göre, etkilenmenin toplumsal ağlarda yayılması Etkinin Üç Kademesi diye adlandırdığımız kurala uyar. Yaptığımız veya söylediğimiz her şey ağ içinde dalgalar halinde yayılır, arkadaşlarımızı etkiler (birinci kademe), arkadaşlarımızın arkadaşlarını (ikinci kademe) ve hatta arkadaşlarımızın arkadaşlarının arkadaşlarını (üçüncü kademe) etkiler. ... Biz de aynı şekilde arkadaşlarımızdan bu üç kademe içinde etkileniriz."[89] Böylece, sağlığımız, refahımız ve mutluluğumuz büyük ölçüde bizden bu üç kademe mesafede bulunanların düşüncelerinin ve yaptıklarının bir fonksiyonudur.

---

[89] Nicholas A. Christakis and James Fowler, *Connected: The Surprising Power of Our Social Networks and How They Shape Our Lives—How Your Friends' Friends' Friends Affect Everything You Feel, Think, and Do* (NY: Back Bay Books, 2011), 26

Krizler ve Toplumsal Çevrenin Etkisi

Dünya giderek daha çok küreselleştikçe bu bağlantılar daha karmaşık ve belirgin bir hale gelir. Dünyanın çeşitli parçaları arasında sıkılaşan bağlantı insan toplumunu tek küresel ve bütünsel bir sisteme dönüştürdü, her unsuru sistemdeki diğer her bir unsura bağımlı kıldı.

Mutluluk ekonomisi hakkında ders verenler genelde dinleyicilerine giysilerinin ve kullandıkları küçük alet edevatın nerede yapılmış olduğunu sorarlar, bu soru dünyadaki diğer ülkelere ne kadar bağımlı olduğumuzu göstermek içindir. Ancak aramızdaki bağlantı giysilerimizden ve akıllı telefonlarımızdan çok daha geniş ve derindir.

Ekonomist Geoff Mulgan, modern dünyayı tasvir ederken şöyle yazar: "Bugünün dünyasını anlamak için başlangıç noktası GSYIH (Gayri Safi Yurt İçi Hâsıla) veya silahlı kuvvetlerin gücü değil, ancak gerçekte öncekinden çok daha fazla birleşmiş olmamızdır. Ayrı ve bağımsız bireyler, firmalar, uluslar veya şehirlermiş gibi görünebilir ancak bunlar daha derin gerçeklikte tek birçoklu bağlantılılar bütünüdür."[90]

Bu koşullar altında, bireyciliğe dayanan geleneksel ekonomi artık çalışmıyor, mevcut küresel krizler bunu her gün kanıtlıyor. Her birimizi etkileyen sayısız bağlantıyı kapsamaksızın kişisel kazanç sağlamak imkânsızdır.

---

90 Mulgan, Geoff, Connexity: Responsibility, Freedom, Business and Power in the New Century (revised edn.) (London: Viking, 1998), 3

Dr. Michael Laitman

Yeni Ekonomin Yararları

1996'da ünlü sosyolog, Manuel Castells'in ikna edici tartışması, "... yeryüzünde yeni bir ekonomi ortaya çıktı."[91] Ekonomik sistemin geçirdiği değişiklikleri maddi ve sosyal ihtiyaçlarımızı dengelemek için kullanabiliriz.

Ancak, bugünün toplumunu incelediğimizde, toplumda ve medyada maddi kazanç ve kişisel fayda arayışı şimdiye kadar hiç görmediğimiz kadar baskın durumda. Bu kontrolsüzce büyüyen tüketimin bir göstergesidir.

ABD'deki ortalama bir vatandaş günde yaklaşık 600 reklama maruz kalır, bunların hepsi ustalıkla, reklamı yapılan ürünün bize ne kadar memnunluk vereceği ve faydalı olduğuna bizi ikna etme üzere yapılmıştır.[92]

Gerçekte, tek mutlu olanlar reklamcılar. Ayrıca sık sık kişisel başarı kazanacağımız da vaat edilir, bu başarı başkalarının kaybı pahasına gelse bile. Böylece kişi en yüksek kazancı edinecek ve kendini herkesten üstün hissedecektir.

Bu dünyada birbiri ile çelişen iki etkinin altında yaşıyoruz. İhtiyaçlarımızın hepsini kendi kendimize sağlayamayacağımızın, başkalarına ihtiyacımız olduğunun ve onlara bağımlı olduğumuzun hızla farkına varıyoruz. Ancak medya insafsızca, daha fazlasına sahip olursak daha mutlu ve diğerlerinden daha üstün olacağımız fikrini tezgâhlıyor. Her ne kadar artık kendi kendimize yeterli olmadığımız ve zenginliğin mutluluğa erişmenin tek yolu olmadığı açıkça belli olsa da, bu mesaj bizi kuşatmaya devam ediyor.

---

91 Castells, Manuel, *"Information technology and global capitalism"* in W. Hutton and A. Giddens. (eds.) *On The Edge. Living with global capitalism* (London: Vintage, 2001), 52

92 *"Our Rising Ad Dosage, It's Not as Oppressive as Some Think,"* Media Matters (February 15, 2007), p 2,https://www.mediadynamicsinc.com/UserFiles/File/MM_Archives/Media%20Matters%2021507.pdf

Yeni Ekonomin Yararları

Dr. Michael Laitman

Bir yanda, kendimizi hep başkaları ile karşılaştırdığımız için, birisinin bir diğerinden daha fazlası olursa bu bizde haset uyandırıyor ve o kişinin başarısız olmasını diliyoruz. Öte yanda, herkesin eşit miktara sahip olduğu komünizm denemesi acı biçimde başarısız oldu. Sovyetler Birliği'nde komünizm "deneyi" bireysel ihtiyaçları göz önüne almaksızın ve gönüllü değişimin şartı olan gerekli eğitim ve açıklamalar yapılmaksızın insanların maddi varlıklarını zorla eşitledi ve on milyonlarca insanın ölümüne yol açtı.

Bunlar, bu rejimin tamamen yok olmasına ve bu felsefenin tümü etrafında uzun süre olumsuz bir hava bırakmasına yol açtı. Zorlayıcı çözümler, özellikle de bir öncekinden temelden farklı oldukları zaman işe yaramazlar. İnsanlığın evriminde bir dönüm noktasına eriştiği, günümüzün başarısız ekonomisinden, dengeli ve ortak sorumluluk kavramı ile bağlı olduğu yeni ekonomiye doğru hareket ettiği şu zamanda, bu dersi dikkate alıp önemsemeliyiz.

Yaşamak için gereken her şeyi bize toplum verdiği için kendimizi ondan soyutlayamayız. Eski ekonomik araçlara ait her yöntem küresel krizleri çözmeye yönelik her girişim, hızla zaman aşımına uğrayıp, kullanılmaz hale gelmiş rekabetçi, kendi-merkezli yaklaşımlar başarısızlığa mahkûmdur.

Temel olarak, psikolojik bir dönüşme işaret ediyoruz. İnsanoğlunun geliştirdiği her bir unsurla başa çıkan çeşitli mekanizmalarda olduğu gibi, bugün düşünce yapımızı 21'inci yüzyılın koşullarına uyumlu hale getirmeliyiz.

Dr. Michael Laitman

Yeni Ekonomin Yararları

Sosyal Adalet ve Eşitlik

Sosyolog Ulrich Beck'ın, Brave New World of Work adlı kitabında anlattığı bu yeni toplumda insanlar topluma yararlı olmak için "kamu hizmeti" yaparlar. Peki, ama böyle bir toplum insanlara nasıl tatmin ve mutluluk duygusu verir ki?

Bu yeni toplum, eğer kendimizi başkaları ile olan ilişkilerle ölçersek hiçbir zaman tatmin olamayacağımızın veya sosyal adaleti sağlayacağımıza inanmadığımızın farkına varmak zorundadır. Barış ve refah içinde olmak isteyen bir toplum herkese dolu ve dengeli bir hayat sürme imkânı sağlamalı, onları temel ihtiyaçları için endişe duymaktan kurtarmalıdır. Yukarıda anlatıldığı üzere, maddi refah ancak belli bir seviyeye kadar mutluluk getirir, toplum herkesi parasal olarak eşitlememelidir ve eşitleyemez. Tersine, eşit dağıtımda herkes kendine özgü ihtiyacına göre akla yatkın ölçülerde insan gibi bir hayat sürmesi için gerekeni alır.

Böyle bir "normal" hayat standardı herkes tarafından garantilenen ortak sorumluluk ile belirlenir. Bu hayat standardı fakirlik sınırının üstünde olmalı ve "yuvarlak masa" yapısında üzerinde çalışılan ve dayanışmaya dayalı bir süreç içinde tanımlanmalıdır. İnsanlar arasında eşitlik herkese ayrılan mal ve paranın miktarında değil, daha ziyade bu dağılımın adil ve şeffaf olmasında kendini ifade edecektir.

Bunun ötesinde, insanlar arasında eşitlik duygusu herkesin kendini tam olarak gerçekleştirme ve başarıya ulaşma olanağı edinmesinde ifadesini bulacaktır. İnsanlar ortak sorumluluk düzeninin çok ihtiyaç duyulan eşitlik ve adalet duygusu yarattığını fark edip bu farkındalığı da paylaşacaklar. Bu duygu insan ilişkilerinin her seviyesinde: kişiler arasında, kişi ve devlet arasında, ekonomik model ve toplumsal yapı arasında var olacaktır.

> Yeni Ekonomin Yararları
>
> Dr. Michael Laitman

İleriye Bakmak-Gerçekleştirebileceğimiz Değişim

Bu ortak sorumluluk düzeni sosyal uçurumları küçültecek ve kalıcı olarak ortadan kaldıracaktır. Kişinin yaşamı için gereken temel ihtiyaçlarını makul ölçülerde garantilemek ortak sorumluluk ekonomisi ile mevcut ekonomi arasındaki temel farktır. Bireylerin, bunların ifade edilmediği ve yerine getirilmesinin cesaretlendirilmediği bir ortamda karşılanmadan kalan pek çok ihtiyaçları olduğunu gördük. Çevrenin, toplumsal ilişkilerden, paylaşmaktan, içtenlik ve dürüstlükten daha çok keyif alınan bir model sunması ile böyle ilişkilerin örnek alındığı bir toplumda yaşamaktan daha çok kişi keyif almaya başlayacaktır. Değişimin temeli budur.

Yukarıda sözü edilen yayında, The Epoch Times'da Dr. Aquino'nun söz ettiği gibi, "Sıra dışı iyilik ve fazilet örneklerinin altını çizebilecek alternatif bir teknik öneriyoruz. Bunlar nadirdir; her gün olmazlar. Ancak eğer bunları tespit eder ve çok daha göze çarpıcı hale getirirsek, bu, insanların kendileri ve başkaları hakkında farklı düşünmesini sağlayabilir, onları iyilik yapmaları için etkileyebilir."

Gerçekten de özgeci davranışları vurgulamanın ve değişimin bizi nasıl etkilediğini görmenin birçok yolu vardır. Örneğin eğer devamlı olarak topluma en çok katkısı olan 100 kişinin tanıtımı yapılırsa, başkalarını sömürmek için kullanılan bazı yeteneklerin nasıl şimdi toplumun iyiliği için çalıştığını göreceğiz. Bizi başkalarının kaybı pahasına kazanmaya iten bu aynı güdü, şimdi yeteneklerimizi toplumun saygı ve takdirini kazanmak için kullanmaya yöneltecektir. Ayrıca kişisel çıkar ve toplumsal fayda

birbirine daha yakın düşmeye başladıkça kişi kendini en iyi şekilde gerçekleştirmek için daha çok toplumsal ve kamusal destek bulacaktır.

Bu yeni "yakıt" maddesel ve bencil doğamızı özgeciliğe ve toplumdan yana değiştirecektir. Çevremize değer vermek ve vermekten keyif duymak, hayatımızı ortak sorumluluk altındaki ekonomik ve toplumsal sistemde yaşamayı seçmemizin temeli olacaktır.

Bu değişikliğin iki kat faydası vardır; topluma faydalı olma davranışı topluma barış ve refah getirecek, tüm toplum üyelerine destekleyici bir ortam sağlayacaktır. Ayrıca bireyler kişisel potansiyellerini ve amaçlarını tam olarak gerçekleştirecekler, böylece de hem kişisel tatmin hem de toplumsal takdir kazanacaklar.

Mevcut kaotik ortamda bu tür ileri görüşler belirsiz, gerçek dışı gibi görünebilir, oysa ortak sorumluluk için çabalamak bile buna ulaşmak için tek gerekenin düşünce yapısındaki psikolojik bir değişim olduğunu açıkça gösterecek.

Yeni Ekonomide Zengin İşadamları

Yağmalamaktan toplumdan yana olmaya – yeni ekonomide zengin işadamlarının olumlu rolü

Kilit Noktalar

- Günümüzde dünya nüfusunun %1'i zenginliğin %40'ına sahiptir.

- Çok geniş sosyal ve ekonomik uçurumlar çoğunlukta adaletsizlik duygusu yaratmakta.

Yeni Ekonomin Yararları

Dr. Michael Laitman

- Öfke ve protestolar, zenginliklerini halkın sırtından ve sistemi hileli kullanarak edindikleri zannedilen, zengin işadamlarına yönelik.

- Zengin bireyler çalışmalarının meyvesini almaya hak kazanır. Zengin işadamlarını parasal olarak topluma katkıda bulunmaya zorlayacak ahlaki bir gerekçemiz yoktur.

- Zengin işadamları çok sayıda insana iş sağlar. Onlara zarar vermek çalışanlarına da zarar verecektir.

- İnsanlar zekâ ve yetenekleri bakımında eşit doğmazlar. Küresel-Bütünsel sistemin gerektirdiği eşitlik göreceli ve herkesin yaradılışına göredir, herkes ihtiyacına ve topluma olan katkısına göre alır.

- Eğitim ve sosyal çevrenin ortak sorumluluk doğrultusundaki etkisi ile zengin işadamları yeni ekonomiye katılacak ve yetenekleri ile toplumun refah ve mutluluğuna katkıda bulunacaklar. Karşılığında toplumun takdiri ve başarı duygusunun keyfini sürecekler.

Dünyadaki sosyal huzursuzluk ve sosyal adalete olan talep, özellikle orta sınıf ve toplumun fakir kesimlerinin süren hayal kırıklıklarının bir sonucudur. Hayat pahalılığı ve giderek artan eşitsizliğin yükünü en çok bu sınıflar taşıyor. Mevcut krizler bu sınıfların gerginliğini şiddetlendirmekte, bu öncelikle PIIGS (Portekiz, İrlanda, İtalya, Yunanistan ve İspanya) ülkelerinde ve ABD'de görülmekte, ancak protestolar halen ekonomisi sağlam görünen ülkelerde İsrail ve Almanya'da bile patlak vermekte.

Küresel ve birbirine bağlı bir dünyada, sağlıklı bir ekonomiye sahip olan ülkeler bile krizlerden etkilendi, pazarlar arasında elle tutulur bir bağımlılık ve etkileşim var. Başka bir konu da ekonomik büyümenin meyvelerinin eşit dağılmaması ve son yıllarda sosyal uçurumların önemli ölçüde büyümesidir. Milyonlarca insan yoksulluk sınırının altına[93] ve hatta açlığa[94] itildi, vergi yükünde aslan payını taşıyan orta sınıf iki yakasını bir araya getirebilmek için çok daha sıkı çalışmak zorunda bırakıldı.

Orta sınıfta ücretlerin erozyona uğraması hem orta sınıf hem de daha aşağı sınıf aileleri zor durumda bıraktı, çoğunlukta olan ve kendilerini "99%" diye adlandıran insanlarda yaygın bir kızgınlık yarattı. Bu hoşnutsuzluk temel olarak, bu zorlukları getiren mevcut ekonomik sistemi yürüten hükümetlere ve politikacılara yöneldi. Eleştiriler öncelikle, "Taykun" (Tycoon) diye adlandırılan birkaç çok zengin kişinin elinde merkezileşen ve küresel krizlerde öncü rolü oynayan finans endüstrisine yöneldi.

"Taykun" halk arasında iş dünyası patronlarına – bankacılık, petrol veya ileri teknoloji gibi belli bir endüstri alanında öne çıkan ve önemli paralar kazanan kişilere halk arasında verilen isimdir. Bazı durumlarda kodamanlar birden fazla endüstriye hâkimdirler. "Taykun" kelimesi Japonca "taikun" kelimesinden gelir ve anlamı "büyük efendi" demektir, shogun (Japon askeri yöneticisi) için kullanılan bir unvandır. Bu kelime İngilizcede ilk olarak 1857'de kullanılmıştır.[95]

1861: The Civil War Awakening kitabının yazarı Adam Goodheart'a göre Abraham Lincoln'ün bakanları John Hay ve John Nicolay patronlarına arkasından "Taykun"[96] takma adı vermişler. O günden bu yana bu deyim iş dünyasına yayılmış ve kullanılmaktadır

---

93 By: Associated Press, "Number of US "poor" reaches record high under new censusformula," The Guardian (November 7, 2011),http://www.guardian.co.uk/society/2011/nov/07/us-poverty-census-formula

94 "Hunger in America: 2012 United States Hunger and Poverty Facts," Hunger Notes,http://www.worldhunger.org/articles/Learn/us_hunger_facts.htm

95 http://www.merriam-webster.com/dictionary/tycoon

Yeni Ekonomin Yararları

Dr. Michael Laitman

Dünya Nüfusunun %1'i Dünya Zenginliğinin %40'ını Elinde Tutuyor

Öfkenin Taykunlara yönelmesinin bir nedeni zenginliğin orantısız bir şekilde merkezileşmesidir. Halen dünya nüfusunun %1'i dünya zenginliğinin %40'ını elinde tutmaktadır.[97] Böylesine aşırı bir merkezileşme finans sisteminin ve piyasadaki ekonomik hareketlerin istikrarını etkilemektedir, Taykunların sahip olduğu şirketlerin hâkimiyeti, bu hâkim şirketlere, bu şirketlerin stratejilerine ve bunları yöneten azınlığın önceliklerine ve çıkarlarına tabi olan halkın refahını etkiler.

S. Vitali, J.B. Glattfelder ve İsviçre Federal Teknoloji Enstitüsünden S. Battiston tarafından yürütülen bir araştırma[98] 43.000 uluslararası şirketin bağlantılarını analiz etti. Bu çalışma küresel ekonominin çok büyük bölümünü elinde tutan küçük bir grup şirketi ve özellikle bankayı saptadı. "Küresel Şirket Kontrol Ağı" adlı bu çalışmada 1318 adet şirketin en az bir veya daha çok şirketle bağlantılı olduğunu buldu. Gene bu çalışma, bu ağın merkezinde her bir üyenin ortalama olarak diğer 20 üyeyle bağlantılı olduğunu buldu.

---

96 Adam Goodheart, "Return of the Samurai," The New York Times (November10,2010),http://opinionator.blogs.nytimes.com/2010/11/10/return-of-the-samurai/

97 "40% of world's wealth owned by 1% of population," CBCNews (December 5, 2006), http://www.cbc.ca/news/business/story/2006/12/05/globalwealth.html, James Randerson, "World's richest 1% own 40% of all wealth, UN report discovers," The Guardian (December 6,2006), http://www.guardian.co.uk/money/2006/dec/06/business.internationalnews

98 S. Vitali, J.B. Glattfelder, and S. Battiston, "The Network of Global Corporate Control," Swiss Federal Institute of Technology (arXiv:1107.5728v1 [q-fin.GN], 28 Jul 2011)

Sonuç olarak merkezdeki firmaların 3/4'ünün mülkiyeti bu merkezin kendi elinde bulunmakta.[99] Ellerindeki hisselerle bu 1318 şirket ortaklaşa olarak üretim ve teknoloji şirketlerinin çoğunu ellerinde tutarlar, bu küresel gelirin %60'ına karşılık gelir.

Son yıllarda, bu şirketler bu büyüme mekanizması ile daha da fazla şirket edindi ve hiç görülmedik ölçüde büyük şirketler oluştu. Bu piramidin tepesinde bir Taykun genellikle 20-30 şirkete sahiptir ve bankalar ve diğer finans kuruluşları bu Taykunun gözüne girmeye çalışırlar. Böylece, sistem Taykunları destekler ve büyümelerini cesaretlendirir.

Ekonomik vergi ölçekleri Taykunların maliyetlerini azaltmasına yardım ederek küçük işyerleri ile rekabetlerine de yardımcı olur. Küçük şirketleri ve üreticileri iş hayatından uzaklaştırarak Taykunlar hem büyür hem ünite başına kârlılığı yükseltirler, çünkü böylece rekabet korkusu olmaksızın fiyatları yukarı çekebilirler.

Ama bu davranışlarından dolayı Taykunlar gerçekten suçlanabilirler mi? Vahşi ve acımasız bir rekabet ortamında onların seçimi (eğer bu pazarda var olmak istiyorlarsa) ya avcı olmak ya da avlanmaktır. Ancak sistemi suçlayacağımız yerde, eğer ekonomik sistem rekabet yerine iş birliğini teşvik ediyor olsaydı onların beceri ve her işin altından kalkma yeteneklerinin olumlu bir yönde kullanılabileceğini unutarak bu sistemi en iyi kullananları suçlarız.

---

99 Aynı yazının 5. sayfası

Yeni Ekonomin Yararları
Dr. Michael Laitman

Piramidin en tepesinde bir kişi bulunduğu zaman, o kişi bir Taykun ya da başbakan olsun, onu yaratan sistemi düzeltmek yerine bu kişileri suçlamak daha kolaydır.

Farz edelim ki aynı gün iki bebek doğsun, biri bir kralın oğlu diğeri de kralın bahçıvanının oğlu olsun. Doğdukları aile yüzünden onları suçlayabilir miyiz? Her insanın hayata başlama noktası vardır, sadece zenginlik bakımından değil, aldığı eğitim, çevre vb. bakımından da. Kimin daha başarılı olduğuna nasıl karar verebiliriz? Kendilerine kalan miras nedeniyle başarılı olan insanlar vardır, ya da kendi servetini kendi yapanlar vardır. Burada kader oyununu oynar.

Kişinin servetini ediniş biçimi, bulunduğu toplumca kabul edilen normlar içinde olduğu sürece, kişinin servetini paylaşması veya feragat etmesi için ahlaksal bir gerekçe yoktur. Zenginleri vergi kanununa göre ödedikleri vergiler dışında başkalarından daha çok bağış yapmaya zorlayarak sosyal adalet talep etmek imkânsızdır. Zenginlerin ödeyecekleri vergileri artırabilirsiniz, zenginliğin merkezileşmesini düzenleyebilirsiniz, ancak zenginin elinden varlığını almakla anayasal değişiklikler ve düzenlemeler yapmak arasında büyük bir fark vardır.

Eleştiri Yararsız Değildir

Taykunları eleştirmek aslında kapitalizmin geldiği aşırılıklara- tüketimi teşvik, büyük eşitsizlikler ve bizi stres, borç ve sürekli baskı altında bir hayat almaya, hiç bir zaman başarılamamış olan maddi edinimlerle mutlu olmak kovalamacasına yapılan eleştirileri yansıtır. Araştırmalar maddeciliğe odaklanan kişilerin yüksek düzeyde anksiyete ve depresyona maruz kaldığını gösterir.[100]

---

100 Kasser, Tim, *The High Price of Materialism* Cambridge, (U.S.A., MIT Press, Oct 1, 2003)

Bu arada Taykunlar eşitsizliğin sembolü haline geldiler, mevcut sistemin sürmesinin nedenlerinden biri olarak kabul edildiler. Bireyciliğin, serbest rekabetin yüceltildiği ve devlet müdahalesinin en aza indirildiği yeni-liberalizm, Taykunların doğal yeteneklerini güç ve servet edinmede kullanmalarına imkân verir.

Taykunlar kendi kişisel kazançlarını yükseltmek için hareket etmekten çekinmezler, fakat ne zaman ki bir milyarder on binlerce kişiyi asgari ücretten işe alır veya Uzak Doğu'daki taşeron firma insanları kölelik şartlarında çalıştırır, bu düşmanlık uyandırır. Taykunların sahip oldukları şirketler özgecil yapıda değildir. Kapitalizmin gelişme derecesi onlara kârlarını yükseltmek için gereken her şeyi yapmalarına izni verir ve buna teşvik eder, çoğunlukla tekelci güçlerini fiyatları saptamak ve kârı yükseltmek için kullanırlar. İyi bilindiği üzere bu tutumdan zarar görenler alt ekonomik sınıflardır.

Ayrıca yukarıda sözü edilen "Küresel Şirket Kontrol Ağı" raporunda şöyle denmektedir: "Tepe oyuncuların çoğu bu merkeze aittir. Yani işlerini yalıtılmış olarak yapmazlar. Tam tersine, çok sıkı olarak birbirine geçmiş olan bir kontrol ağı içinde birbirlerine bağlıdırlar."[101] Bu kontrol ağı Taykunları müşterilerine bağlar, bu bağlantı yoluyla müşterilerini sömürürler. Dahası, devlet kuruluşları içinde kendi özel çıkarlarını desteklemeleri için lobiciler işe alırlar. Her ne kadar hırs sadece Taykunlara özgü olmasa da, onların elinde hırslarını tatmin etmek için daha çok araç vardır, bunun sonucu olarak da toplum ve çevreyi olumsuz etkilerler.

---

[101] Vitali, Glattfelder, and Battiston, "The Network of Global Corporate Control," p 32

Yeni Ekonomin Yararları

Dr. Michael Laitman

Küresel krizler genel olarak iş dünyasına ve özellikle de Taykunlara zarar verdi. Faaliyetlerinin çoğunu büyük ölçüde, bankalardan veya yatırım şirketlerinden aldıkları krediler ile para sağlayarak dengelediler. Taykunların aldıkları borç kredileri ile yaptıkları iş eğer aldıkları borcu karşılayamazsa, Taykunlar borcun tamamını ödeyemeyeceklerini ilan etmekten çekinmeyecekler ve banka veya yatırım şirketlerinden (emeklilik primlerimizin yatırıldığı) zararın bir kısmını üzerlerine almalarını, yani zararın silinmesini talep edeceklerdir.

Kısa vadede Taykunlar bundan nispeten zarar görmeden çıkarken, bu süreç pek çok insana zarar verecektir. Ancak bu finans ustalığı onlara pahalıya mal olacak, halkın gözünde imajları lekelenecek, güçlerini dizginlemeleri ve davranışlarını düzeltmeleri için halkın baskı yapmasına neden olacaktır. Bu Taykunlardan bazıları, Bill Gates'in Bill ve Melinda Gates Vakfı ile yaptığı gibi yoğun olarak hayır işleriyle uğraşıyorlar, ancak bu hayır işlerinin çoğu aşırı zenginlikleri, güçleri ve ekonomi ve çevre üzerinde yaptıkları hasarlarla karşılaştırıldığında önemsiz bir kandırmaca olarak algılanır.

Sonuçta, aşırı zenginlerin çoğunun müsrif hayat tarzı haset veya nefret uyandırır, herkesin gözüne batar.

Taykunlara Yapılan Haksız Eleştiriler

Taykunlara olan düşmanlıkta bir derecede sahtekârlık ve onların düşüşünü görme isteği vardır. Neden biz değil de onlar Taykun olduğu için Taykunlardan nefret ederiz. Büyük bir olasılıkla, eğer ben de Taykunlardan biri olsaydım, ortaya çıkmamıza imkân sağlayan bu ekonomik ve toplumsal sistemi tüm kalbimle destekliyor olacaktım.

Büyük ölçüde bu kişiler başarılı girişimcilerdir. Gerçekte, Amerikan Rüyası böyle sıfırdan zengin olma hikâyelerini ve tüm ekonomik sistemin yakıtı olan bu rüyaya erişme ümidini besler. Taykunlardan nefret ederiz, Amerikan Rüyası onlar için gerçek olmuştur, bizim içinse bir kâbusa dönmüştür ya da en iyi durumda hâlâ gerçekleştirilecek bir rüyadır.

Dahası, Taykunların işlerini yıkma uğraşı, kesinlikle bunun için en çok mücadele edenleri yıkabilir. Tüm hırsları ile yüz binlerce insana iş sağlarlar. Eğer onlar batarsa ekmek parasını onlardan kazananların tümü de batar. Merkezileşmeyi azaltmak amacıyla Taykunlardan işlerinin bir kısmını satmalarını istemek yararlı olabilir ancak bu işleri satın alanlar nasıl davranacaklar? Halka daha mı hakça davranacaklar? Ya da aynen işi satın aldıkları Taykun gibi mi davranacaklar? Gerçekte bazen, yatırımını geri almak ve kredi borcunu ödeyebilmek için işi yeni satın alanın kârı yükseltmek amacı ile fiyatları ilk iş sahibinden daha çok artırıp ücretleri düşürdükleri görülmüştür.

Gerçekte halkın Taykunlara nasıl yaklaşacağı sorusunun basit bir cevabı yok.

Karşılıklı Bağımlılık Taykunları da Etkiler

Sistemin adil olup olmadığı konusunu tartışabiliriz, ancak gerçekte, halkın çoğunluğu geçimini sağlamak için Taykunlara bağımlıdır. Hepimizin aynı gemide ve birbirimize bağımlı olduğumuz aynı ekonomik sistemin içinde olduğumuzu anlamamız lazım. Mevcut sistemin mükemmel olmadığı açık, kusurlarında güç sahibi bireylerin

Dr. Michael Laitman

ve kurumların etkisi büyüktür ancak sistemi tamamen tersine de çeviremeyiz. Taykunları yıkarak sosyal adalet sağlamaya girişmek yıkan toplumun yıkımına yol açar ve ilk acı çekecek olanlar geçimini onlardan sağlayanlar, yani neredeyse hepimiz oluruz, çünkü işsiz kalırız.

Gerçekte, Taykunları yıkmaya yönelik tartışmalar, ekonomik sistemin anlaşılmasındaki bir eksikliğin işaretidir. Örneğin eğer herkes büyük süpermarketlerden alışveriş etmeyip mahalle bakkalından alışveriş etmeye başlarsa, bu süpermarketler çalışanlarını işten çıkaracak ve işten çıkarılanların mahalle bakkalından alışveriş etmek için parası olmayacaktır. Başka bir deyişle değişiklikleri talep etmeden önce buna bağlı tüm sistemleri iyice anlamalıyız. Ortak sorumluluğu temel alan (herkesin diğer herkesin refah ve mutluluğundan sorumlu olduğu) bir sosyo-ekonomik sistemde hiç kimse birilerinin malından ve servetinden feragat etmesini talep etmeyecektir. Zor kullanmak ortak sorumluluk ruhuna tamamen aykırıdır. Eğer Taykunlar imtiyazlarından taviz vermezler, bu taviz ortak sorumluluk normları doğrultusundaki eğitimle desteklenmezse, mevcut durumları yalnızca kötüye gidecektir. Zorlama bir çözüm kazanç kaynaklarımıza zarar verecektir, her ne kadar Taykunlar çok sayıda düşük ücretle çalışanlar pahasına daha zenginleşiyor olsalar da çalışanlar gene de asgari ücret alıyorlar. Taykunlar ve onlara çalışanlar birbirine bağlıdır, birbirine bağımlıdır. Eğer Taykunlar alaşağı giderse, onlarla beraber onlara bağımlı olanlar da gider.

Dr. Michael Laitman

Yeni Ekonomin Yararları

Çözüm – Devrim değil Evrim

Her ne kadar sokaklara dökülüp adalet diye haykırmak çekici de olsa böyle yapmak gerçekte durumu kötüleştirecektir. Nihayetinde ne zaman yıkım iyi sonuçlara yol açmıştır ki? Fransız İhtilali'nden Rusya'daki 1917 Bolşevik İhtilali'ne, 2011'deki Mısır İhtilali'ne kadar, olumlu sonuç verdiği- eğer verdiyse - çok nadirdir. Her şeyin sakinleştiği, yerdeki kanın kuruduğu zaman ortaya çıkan durumda ihtilal öncesine göre düzelmiş bazı şeyler olabilir, eğer insanlık daha iyi durumlara isyan yerine evrimle gelecek olsa herkes için çok daha iyi olurdu.

Taykunlar güvende hissetmedikleri zaman hoş karşılanacakları başka ülkelere kaçarlar, bugün Rusya'da olduğu gibi.[102][103] Bu istenen bir durum olmaz. Daha iyiye giden bir değişim ancak aramızdaki ilişkileri ve bunun sonucunda ekonomik ve sosyal sitemleri yeniden kurduğumuzda ortaya çıkar. Bu, bilgi ve eğitim sağlamak yoluyla olur. Mevcut durumdan daha iyi olana geçiş kademeli olmalıdır, sorumsuzca Taykunların gücünü veya piyasadaki herhangi güçlü bir unsuru yıkarak değil.

Çünkü gerekli dönüşüm kendimizi ayrı varlıklar olarak algılamaktan küresel bağımlı sistemin birbirine bağlı unsurları olarak algılamayı gerektirir. Algıdaki değişiklik insanlara almaları ve kabul etmeleri için gereken zamanı veren ve kademeli olarak uzanan bir süreç içinde olur. Dünyanın bu yeni algısında ne kadar ilerlersek pazarın merkezcilikten özerk birimlere geçişi ve piyasadaki diğer sorunların çözümüne de o kadar yaklaşırız. Ancak bunlar ortak anlaşma ile zor kullanmadan yapılmalıdır.

---

102 Harvey Morris, "Russian Oligarchs Flee To Safety In Israel," The Financial Times - UK (March 24, 2005),http://www.rense.com/general63/oky.htm

103 Luke Harding, "Mobile phone oligarch flees Russia for new life in Britain," The Guardian (January 27, 2009),http://www.guardian.co.uk/world/2009/jan/27/russia-kremlin-oligarchs

> Yeni Ekonomin Yararları
>
> Dr. Michael Laitman

Açıklamak, Eğitmek ve Çevrenin Etkisi

Dünyada yaygın gösterilerde sosyal adalet talep ediliyor ve aşırı merkezileşmenin eşitsizliğin ve Taykunların kontrol edilmeyen gücünün ekonomi ve topluma yaptığı hasar hükümetlere Taykunların merkezi gücünü azaltmaları için baskı yapıyor. Geleneksel yol, aşırı zenginler ve prestijli markalar üzerinde daha sıkı düzenlemeler, piyasada yapısal değişiklikler, ek vergiler koymaktı. Ancak bu tedbirler eğer alınsa bile Taykunların gücü ve nüfuzu göze alınınca tamamen uygulanması pek mümkün olmaz. Dahası eğer uygulansa bile, hayat pahalılığını azaltması, sosyal ve ekonomik uçurumları kapatması veya sosyal adaletsizlik duygusunu azaltması pek mümkün olmaz.

Böyle düzenlemeler, dünya hâlâ birbirinden ayrı varlıklardan oluşurken kullanılan eskimiş araçlardır. Bugünün dünyasındaki herkesin küresel olarak birbirine bağımlı olduğu sistemde, rekabete olanak tanıyan araçlar çalışamaz. Eşitler arasında yuvarlak masa yapısında tartışmalar yoluyla fikir birliğine gelmek yoluyla yapılacak olan gönüllü değişimin temeli kitlelere bilgi ve eğitim sağlamaktır. Karşılıklı bağımlı bir sistemde nasıl birisi bir diğerini sömürebilir ki? Bu kendi kendisine zarar vermekle aynı anlamda olacaktır. Sosyal normlar ortak düşünceyi, ortak dikkate almayı, sosyal dayanışmayı ve bağlılığı teşvik ettiğinde Taykunlar konusuna zaman içinde barışçı bir çözüm bulunacaktır.

Böyle bir değişime ancak herkese geniş bilgi sağlanması, medyanın akıllıca kullanımı ve herkesi aydınlatan, ortak sorumluluğun önemini vurgulayan, insanları -zengin ya da yoksul olsunlar- yapabildikleri en iyi biçimde katkıda

bulunmaya heveslendiren bir eğitim sistemi yoluyla erişilebilir.

İstenen sonuca erişildiği zaman, insanlar Taykunları kendilerinden bir parça olarak algılayacaklar. Taykunların topluma katkısını fark edecekler. Diğer taraftan, Taykunlar da topluma karşı sorumluluk duygusu ile davranmaya başlayacaklar. İsteyerek yeni ekonomik sistemde gerekli değişiklikleri, parasal kaynakların daha eşit dağıtımını da içeren değişiklikler de dâhil olmak üzere uygulamaya başlayacaklar. Algının eğitim yoluyla ortak sorumluluğa doğru dönüştürülmesi temeline dayalı olan böyle bir değişim olumlu ve sürdürülebilir tek çözümdür.

Yeni Ekonomide Taykunlar – Finansal Taykunlardan Sosyal Taykunlara Dönüşüm

Öncelikle, bu küresel ve bağlantılı dünyada ortak sorumluluğa dayanan bir sistemde Taykunlar için gerçek bir yer olduğunu belirtmek önemlidir. Ahenkli bir toplumun gerektirdiği eşitlik mutlak eşitlik değil, göreceli ve kişiye özgü eşitliktir, orada kişi ihtiyacına ve topluma yaptığı katkıya göre alır. Eğer sıkça uzak ülkelere seyahat eden bir iş adamı kolay erişmek ve verimli olmak için özel jete ihtiyaç duyuyorsa ve böylece pek çok kişiye iş sağlıyorsa, bu kişinin jet uçağı olmalıdır. Bu durumda bu bir lüks değil, tüm topluma yarar sağlayan gerekli bir araçtır.

Bu durumda Taykun kendini finansal kazançları elinden alınmış hissetmeyecektir. Tam tersine, bu kazancın şimdi sosyal bir meşruluğu vardır. Eşitliğin en yüksek sosyal değer olduğu bir toplumda bile bazıları sivrilecek ve daha fazla kazanacaktır. Soru şudur: "Ne kazanacaklar?"

Yeni Ekonomin Yararları

Dr. Michael Laitman

Bankadaki milyarları mı?" Mevcut krizlerde bu milyarların kimseye faydası olmadığını henüz görmekteyiz. Bankadaki milyarların mutluluğun garantisi olduğu da görülmedi, tam tersi.

Para yerine yeni bir motivasyon insanları harekete geçirmeye ve hevesle çalışmalarına neden olacak, göreceli olarak eşit toplumlarda bile bu motivasyon Taykunların topluma sağladığı faydadan dolayı kazandıkları toplumsal onay ve takdir olacaktır. Taykunlar iş hayatında kendi potansiyellerini tam olarak gerçekleştirecekler, çünkü çoğu sadece kişisel kazanç sağlamaktan değil iyi bir girişimci olmaktan keyif alırlar, sadece kazançtan değil işin kendisinden keyif alırlar. Yeni toplumda, insanların topluma katkılarını duyuran ve buna teşekkür sunan bir mekanizma olacak, bu da girişimcilerin iyi ödüllendirilmesini garanti edecektir.

Gelirin eşit dağılımı adil olmaz çünkü insanların ihtiyaçları eşit değildir. Eğer eşit bir dağıtım uygulansa bu, faydadan çok zarar verir. Eşitlik göreceli olmalıdır, sadece insanların temel ihtiyaçlarına göre değil topluma olan kendine özgü katkılarına, başkalarına faydalı olma çabalarına göre olmalıdır. İnsanların çalışmaları karşılığında hem maddi hem de sosyal ödüllendirilmeye doğal bir ihtiyaçları vardır. Eşit gelir insanların katkıda bulunma motivasyonunu engelleyecek, insanlarda depresyonun artmasına yol açacaktır.

Ortak sorumluluk ekonomisi sosyo-ekonomik eşitsizliğin gönüllü olarak büyük ölçüde azalmasını getirecektir. Toplumda herkesin gelirini, alacağı hizmeti ve maddi kaynaklarını rasgele paylaştırmaya ihtiyaç yoktur, bu mümkün olmaz. Bunun yerine çözüm yukarıda da söz edildiği üzere göreceli bir eşitliğe, yani herkesin ihtiyacına göre almasına dayanmalıdır.

Devlet tarafından tespit edilen bir minimum hayat standardı olacaktır. Bu minimum temel ihtiyaçları sağlayacak kişiye ve ailesine gerekli olanı, çevresini de göze alarak sağlayacak ve insanca yaşama olanağı verecektir. Bu, her zaman fakirlik sınırının üzerinde olan ve yuvarlak masa türü tartışmalarla belirlenen bir hayat standardı olacaktır. Eşitlik, kaynakların adil dağıtımında ve sistemin saydamlığında kendini gösterecektir.

Hepimiz, ortak sorumluluğu kendisine temel değer yargısı edinmiş bir toplumda yaşadığımızda, Taykunların değer yargıları da, başkalarının kaybı pahasına kişisel kazançlarını yükseltmek için herkesi kontrol etmek yerine toplum yararına topluma katkıda bulunma yönünde değer yargılarına doğru değişecektir. Toplumun önde gelenleri savurgan hayat tarzları nedeniyle değil, topluma ve çevreye olan katkıları nedeniyle takdir görecekler.

Taykunların beceri ve yeteneklerini toplum yararına kullanmak Taykunları "sosyal" Taykunlara ve bundan mutlu olan bireylere dönüştürecek, tıpkı bir aile içinde olduğu gibi, ailenin temel geçimini sağlayan kişinin ailenin refahı ve mutluluğundan keyif alması gibi.

Rüya mı Yoksa Gerçek mi?

Tanımladığımız ahenkli hayat tarzı gerçekdışı ve erişilemez gibi görünüyor olabilir ancak küresel krizler bizim bugünkü hayat tarzımızın küresel ve birbirine bağlı bir dünyada yaşamamız gerekene ters olan rekabetçi ve bireyci yapısından kaynaklanıyor ve bu, değişime hız verecek. Değişim gerçekleştiğinde doğal refleksimiz, tüm açıkça görünen kusurlarına ve çıkarlarımıza aykırı yapısına rağmen mevcut olana yapışıp kalmaya çalışmak olacaktır; herkesin Taykunların bile hakkı olan yeri buldukları harika, ahenkli ve sürdürülebilir bir gerçeklik yaratmak için bu şansımız vardır.

Yeni Ekonomin Yararları

Dr. Michael Laitman

Sermaye Fazlası ve Halkın Refah ve Mutluluğunu İyileştirmek

Ortak sorumluluk ekonomisi, önümüzdeki değişime parasal kaynak sağlayacak olan pek çok sermaye fazlasını ortaya serecektir.

Kilit Noktalar

- Aşırı endüstrileşme, aşırı üretim ve aşırı tüketim günümüz ekonomisini verimsiz ve yararsız kıldı. Kaynakların çoğu insanlığın refahı için değil, mevcut sistemi sürdürmek için sömürülüyor.

- Mevcut ekonomik sistem var olmamız için gerekli doğal kaynakları gereksiz yere tüketip bitiriyor. Doğal kaynakları düşüncesizce sömürmek Küresel-Bütünsel bir dünyada yaşıyor olmamız nedeniyle yükümlü olduğumuz ortak sorumluluk (her garantörün bir diğerinin refah ve mutluluğundan sorumlu olduğu) tavrıyla çelişir.

- Dengeli ve işlevsel bir ekonomiye dönüşümün sonucunda pek çok parasal, maddesel ve toplumsal artık değer ortaya çıkacaktır, aramızdaki ilişkilerin dönüşümü ve ortak sorumluğun uyarlanması sonucu olarak bunlar halkın yararına yönlendirilecektir.

- Toplumda ve ekonomide ortak sorumluluk ilkesinin uygulanması ile yeryüzü kaynaklarının kendini yenilemesine imkân verilerek de dünya toplumunun ihtiyaçlarının karşılanmasının mümkün olduğunu göreceğiz.

Günümüz ekonomisindeki temel kuram yoksunluktur. Başka araştırma alanlarının yanı sıra ekonomistler de kullanılan sınırlı kaynağın başka kaynaklarla telafi edilmesini araştırdılar. Yoksunluk ne tamam ne de nerdeyse

Dr. Michael Laitman

Yeni Ekonomin Yararları

yok demektir. Eldeki kaynaklar – metal, petrol veya gıda - sınırlı olduğu için dünya bugünkü haliyle üzerinde yaşayan herkesin talebini tam olarak karşılayamıyor demektir.

Bu nedenle, tüm kaynaklar yoksunluk durumundadır diye kabul edilebilir. Ekonominin oynadığı rollerden biri de eldeki kaynakları en etkili olacak ve en çok talep bulan yere yollamaktır. Başka bir deyişle, kaynaklar etkin olarak paylaştırılıp dağıtılmalıdır.

Örneğin süt, süt olarak satılabilir veya yoğurt veya dondurma üretiminde kullanılabilir. Buradaki ekonominin sorusu, "Olası ürünlerden hangisi en yüksek kâr sağlar?" Bu "kârlılık fonksiyonu" olası yoksunluk durumu ile birleşerek çelişki ve çekişme yaratır, bu insanlar arasındaki ahengi bozar, onları karşılıklı özen gösterme ve iş birliğinden uzaklaştırır. İçinde yaşadığımız bu küresel ve bağlantılı dünyada aramızdaki zorunlu karşılıklı olma koşulunu hafife alır.

Ekonomi aramızdaki ilişkileri ifade eder ve onları etkiler, yoksunluk durumundan açıkça görülen odur ki bencil kârlılık fonksiyonu rekabet, koalisyonlar, gerginlik ve çelişki yaratır. İnsanlığın gelişip geldiği bu bağlantılı dünya ile uyuşmazlıktan kaynaklanan küresel bir ekonomik krizin içindeyiz, yeni ekonomiyi inşa etmemize olanak verecek biçimde ilişkilerimizi bu karşılıklı bağımlılığımıza göre uyarlamanın zamanı geldi. Yeni amaca bağlı fonksiyonun değişkeni insanlığın refah ve mutluluğunu "yükseltmek" ve herkes için en iyi yaşama seviyesine ulaşmaktır.

Yeni Ekonomin Yararları

Dr. Michael Laitman

Yeni Dengeli Ekonomide Enerji Yoksunluğu Olmaz

Endüstrileşme, kentleşme ve tüketime yönelik modern toplumumuz tüketimi bir kültüre, bir hayat tarzına dönüştürdü. Yedi milyarı geçen artan nüfus ile birlikte, insanlık bir çıkmazın içine getirildi. Bu çıkmaz içme suyu ve petrol gibi temel doğal kaynakların azalması ile kendini gösteriyor.

Amerikalı jeofizikçi Marion King Hubbert, 1956'da Zirve Petrol Teorisi'ni kurdu. Bu teori, petrol ve diğer fosil yakıtlarının yeryüzüne aşırı pompalanması sonucunda kaynakların var oluş süresi ve bu aşırı tüketim sonucunda kaynakların tüketilip bitme süresinde olacak değişiklikleri açıklar. Bu teoriye göre petrol yenilenemeyen bir kaynaktır, belli bir zaman içinde küresel petrol üretimi tepe noktasına ulaşacak ve sonra düşecektir. Hubbert ABD'de petrol üretiminin tepe noktasını 1971 olarak tahmin etmişti.

Petrolün tüketilip bitirilmesi durumunun çok geniş ekonomik ve toplumsal sonuçları olması nedeniyle Hubbert'ın teorisi akademik çevrelerde sürekli tartışılır, çünkü ekonomik büyüme ucuz ve bol miktarda erişilebilen enerji kaynağına bağlıdır. Böyle bir enerji kaynağı tükenip bittiğinde küresel ekonomik büyüme bundan etkilenecektir. Bu değerlendirme hem bireyler hem de şirketler için geçerlidir. Küresel petrol üretimindeki tepe noktayı geçtikten sonra önce petrol darlığı ve bunu izleyerek de petrol yokluğu gelecektir. Daha önceki krizler petrol çıkarma işlemindeki kasıtlı yetersizlikler nedeniyle olduğu halde, bu defa temelde yatan neden politik değil, jeolojik olacak.[104]

Dr. Michael Laitman

Yeni Ekonomin Yararları

Halen gelişmiş ülkeler CO2 yayma kotaları alışverişi yapıyorlar. Başka bir deyişle, ülkelerin havayı kirletme "hakları" üzerine ticaret yapıyorlar. Hava kirliliği vergi mükelleflerine pahalıya patlıyor, hava kirliliği kotaları üzerine yapılan ticaret ekonomik sistemin ne kadar kontrolden çıkmış olduğuna iyi bir kanıt. İnsanlar arasında, insanlık ve doğa arasında ahenk kurmak, bizi besleyen bu gezegene yaptığımız hasarları engellemek ve telafi etmek için savaş vermek, insanlığın iyiliğine yönelik düşünmek yerine her ülke kendi kazancı ve dar çıkarı için savaşıyor.

Örneğin Kyoto Protokolü dünyanın durumunun kötüleşmesinin devam etmesini engellemek için uluslararası standartlar koymak ve iş birliği yapmak için kuruldu. Ancak bunun yerine, bu protokol endüstrileşmiş güçlerin elinde kendi hırslarını saklamak için bir araç haline geldi. Üretim yarışına devam etmek için kirletme kotalarının ticaretini yapmaya başladılar. Ekolojik çözümler ekonomik çözümlerle çelişir görünüyor, topluma ve insanlığın geleceğine zararlı olmasına rağmen ekonomik çıkarlar ve dar görüşlülük galip geliyor.

Küresel ve bağlantılı bir dünyada aramızdaki karşılıklı bağımlılığın gerektirdiği bağlantıyı uyarlamak Doğa ile uyum ve ahenge gelme çabamızda sonuç sağlayacaktır, bize dengeli yaşamın en iyi yol olduğunu gösterecektir.

---

104 Kenneth S. Deffeyes, "Hubbert's Peak: The Impending World Oil Shortage," Princeton University Press (2002),http://www.trincoll.edu/~silverma/reviews_commentary/hubberts_peak.html

Yeni Ekonomin Yararları

Dr. Michael Laitman

İnsanın servet biriktirmeye, aşırı tüketime ve rekabete yönelik eğilimi yenilenemeyen dünya kaynaklarını tüketip bitiriyor. Gezegenimiz hakkındaki düşüncesizliğimiz Küresel-Bütünsel Dünya'nın gerektirdiğine ters düşmekte. Eğer ben yaşadığım çevreyi kirletirsem hepimiz bunun sonuçlarından zarar göreceğiz. Kirlilik ve duyarsızlık tüm toplumumuzu yok ediyor.

Aşırı üretim yaparak kaynaklarımızın kendini yenilemesini engelliyoruz. Eğer küresel ve bağlantılı bir dünyanın gerektirdiği ile uyumlu olan ilişkileri temel alan dengeli bir tüketime geçersek, ekolojiye zarar vermeyi durduracak, dolaylı olarak insan toplumuna zarar vermeyi durduracak ve aynı zamanda dünyanın kendisini yenilemesine ve iyileştirmesine de imkân vereceğiz.

Ormanların kendini yenilemesi, bitki ve hayvan türlerinin yok olmasının durdurulması, okyanuslardaki balık miktarının artması sağlanacak faydalardan sadece bazılarıdır. Enerji krizleri kullanabileceğimiz kaynakları kısıtlıyor, insanların yaklaşımını değiştirmek doğal kaynak yoksunluğunu azaltacaktır. Çünkü dengeli tüketime geçiş nedeniyle talep azalacak ve yerkürenin kendini yenileme süreci ile kaynaklar artacaktır. Sonuçta kullanımımız ve refahımız için sağlanacak yeni kaynaklara kavuşacağız.

Sürekli Artan İşsizlikten Ne Kazancımız Olacak ve Bu Nasıl Olacak?

İnsanlar arasındaki, insanlar ile devlet arasındaki ve ülkeler arasındaki ortak sorumluluk sonucunda ortaya çıkan yeni ekonomide önemli miktarda artık değerler ve rezervler ortaya çıkacak, iş piyasasındaki verimsizlikler

Dr. Michael Laitman

Yeni Ekonomin Yararları

azalacak ve mevcut sistemin neden olduğu finansal hasarlar engellenecektir. Diğer taraftan, dünya üzerindeki işsiz sayısında beklenmekte olan büyük artış da insanlar arasındaki ilişkinin küresel ve birbirine bağımlı dünya ile uyum sağlamasına yardımcı olacaktır.

Aşırı tüketim, rekabet insanlığın ihtiyacının çok ötesinde üretim yapan şişirilmiş endüstriden uzaklaşmaya yönelik bir dönüşüm, endüstri ve hizmetlerin küçülmesi demektir. Pek çok çaba, para ve tüm üretim ve tüketim zincirini dikkatle izlemeyi gerektiren bugünkü yarışın aklı başında bir ekonomiye dönüşmesi herkesçe rahat bir nefes alarak karşılanacak.

İşten çıkartmalar nedeniyle ve devletin ortalama ücretler maliyetinden yapacağı tasarruf ile iş piyasasından çıkartılanların eğitim bursu ve aynı zamanda acil eğitim programının çatısının kurulma maliyeti karşılanabilir. Acil eğitim sisteminin amacı işsizleri kişisel finansman yönetimi ve hayat becerileri konusunda pratik bilgilerle donatmak ve ortak sorumluluğa dayanacak olan bu değişmekte olan dünyaya uyum sağlamalarına yardım etmektir.

İşlevsel ekonomiye dönüş sırasındaki bu üretim daralması vatandaşların tüm ihtiyaçlarının karşılanabilmesine engel olmayacaktır. Dengeli bir ekonomide %90 işgücüne ihtiyaç yoktur, hatta %50 işgücüne bile gerek yoktur! Tarım, endüstri ve gerekli servis alanlarında yalnızca işgücünün %20'si ile tüm insan toplumunun tüm ihtiyaçlarını karşılamak mümkündür. Doğal olarak, ortak sorumluluk ilkesine göre toplumun üzerinde anlaştığı kurallara göre işler dönüşümlü olarak yapılacaktır.

Bu durum mevcut dönüşümün geçici bir safhası değildir. Tam tersine, küresel ekonomideki yapısal bir değişimdir. Ortak sorumluluk içinde insanlar arasındaki ortak yaşam tamdır ve ortak refaha katkıda bulunmak için çalışmayı sürdürmeyi seçenler çalışmaları insanlığın gelişmesine, insanlar arasında ve insanlar ve Doğa arasında ahenge katkıda bulunduğu için takdir görecekler.

Çok sayıda insana iş verme ihtiyacı devasa ölçülerde gereksiz iş ve gizli işsizlik yarattı, bürokrasi mekanizmasını, özellikle de aşırı abartılmış kamu sektörünü de şişirdi. Böyle hatalı bir sürece iyi bir örnek Yunanistan'dır, kamu sektörü aşırı şişirilmiş ve ülke iflasın eşiğine gelmiştir. Uluslararası Para Fonu'nun (IMF) Yunanistan'a yaptığı temel taleplerinden birisi önemli ölçüde kamu sektörünü küçültmesi olmuştur. Ama Yunanistan sadece aşırı bir örnektir, aynı süreç dünyanın her yerinde görülmekte.

Şimdiki durumdaki gizli işsizlik ve verimsiz çalışma, kamu sektörünün masraflarını şişiren yüksek ücretler devletin vatandaşlara hizmet etmesine sekte vuruyor. Tamamen ekonomik bir bakış açısından topluma yararı olmayan bir işte çalışan bir kişinin, hiç çalışmaması topluma daha faydalıdır, işsizlik sosyal yardımı alıyor olsa bile.

Beklenmekte olan işsizlik artışı ekonomiye ve bu işsiz kalanlara, eğer acil işsizlik planı devreye sokulursa, zarar vermeyecektir, insanlara öğrenim bursu ödenecek, onlara temel bazı beceriler sağlayarak eğitimsel ve toplumsal bir çerçeve sağlayacaktır. Günümüzün karmaşık gerçekliğinde Küresel-Bütünsel Dünya'nın bize zorunlu kıldığı değişikliklere ve ortak sorumluluk ilkesine göre yaşayan bir topluma uyum sağlamayı öğrenecekler. Böyle bir çalışanın bir yıllık gelirine göre, tasarruf edilen ile bu kişiye yeterli bir eğitim bursu ödemeye ve başka birisinin de temel ihtiyaçlarını sağlamaya yetecek ödeme sağlanacaktır. Aynı

zamanda bu onlara küresel ve bağlı bir dünyaya ve ortak sorumluluğa ilişkin yaşam becerilerini öğretecektir.

Örneğin İngiltere'de ortalama yıllık ücret 28.000 £ (yaklaşık 44.000 $). Ancak 25 ve daha yukarı yaştaki işsiz birisi 3.370 £ (yaklaşık 5.300 $) işsizlik yardımı alır, bu yıllık gelirine göre ayarlanır. Sosyal yardıma daha yönelik ülkelerde bu fark daha düşük olsa bile hesap ortadadır. Eğer işsizlik yardımı 13.000 £ (yaklaşık 20.000 $ aşağı yukarı bugünün alttan beşinci ortalama gelir seviyesi) yükseltilse bile yukarıda tanımlanan ortak sorumluluk ekonomisinde yer alacak fiyat düşüşünü de göz önüne alarak, eğitim çerçevesine katılması ve kişisel finans yönetimini yeni dünyadaki yaşama uyarlaması için devlet iki kişiye eğitim bursu ödeyebilecektir.

Gayrisafi yurtiçi hasılaya (GSYİH) devletin katkısının katma değer kabul edildiğini belirtmek önemlidir, yani bu devletin yaptığı giderin tümü (veya devletten kaynaklanan gelir) demektir.

Küresel işsizlik artacaktır. Bu, geleneksel ekonomik araçlarla çözümlenemez. Başkan Obama'nın Amerikan İş Akdi[105] ABD iş piyasasına odaklandı ve vergi mükelleflerine 450 miyar dolara mal oldu, durgunlaşan Amerikan iş piyasası için düşünülmüştü. Şimdi bu Akit, daha önce, 2008'de başlamış olan üç farklı cins teşvik programı ile birleştiriliyor. Daha öncekiler başarısız olduğu için, muhtemelen aynı eski araçları kullandığı için bu plan da başarısız olacak.

---

105 http://www.whitehouse.gov/the-press-office/2011/09/08/fact-sheet-american-jobs-act

Yeni Ekonomin Yararları

Dr. Michael Laitman

İçinde yaşadığımız bu bağlantılı dünyada tüm endüstriler birbirine bağımlı olduğu için işsizlik katlanarak artacak. Gelirlerin düşüşü tüketimde de düşüşe neden olacak ve endüstrinin insanların ihtiyaçları ile orantılı hale geldiği doğal bir dönüşüm olacaktır. Bu süreç dünyanın doğal kaynaklarının sömürülmesine son verecek ve zamanla insanlığın yararlanabileceği kaynaklar artacaktır. Mevcut şişirilmiş ekonomik sistem ziyankârdır, toplumsal ve ekolojik çevreye zararlıdır, bu zararları tamir etmek için büyük bütçelere gerek duyar. Bu, insanlığa bedeli pahalıya patlayan kısır bir döngüdür. Dengeli bir ekonomiye geçmek bu fonların büyük kısmında tasarruf sağlayacak, bu tasarruflar halkın yararına kullanılmaya yöneltilebilecek.

Finans sektöründe de şişkinlik vardır ve bu, 2008 küresel krizlerinin patlak vermesinin temel nedenidir ve buradan bugünkü krizlere gelindi. Hızlı kolay erişilen kazanç peşinde koşmak, finans ve bankacılık endüstrisinin pervasızca borçla finansman sağlanması sonucunda şişirilmesiyle tamamen kontrolden çıktı. Böyle yaparak, konut kredisi veren bankalar ve yatırım şirketleri riskli bir balon yarattılar ve bu balon bum diye patladı, arkasında da küresel finansman krizlerini bıraktı. Tüm dünyada spekülasyon ve bundan kaynaklanan finansal balonlar sonucunda oluşan hasar trilyon dolarlar miktarındadır. Bu trilyonların kaybının sonuçları hepimiz tarafından hissedildi, etkilendiğimizin farkında olmasak bile.

Gerçek ekonomi ve finans endüstrisi arasındaki sıkı bağlantılar, menkul kıymetler borsasında krizlere yol açtı ve küresel bir ekonomik buhranı tetikledi. Küresel ve bağlantılı bir dünyada başarılı olmak için, ekonomik bir sözleşme ve toplumsal bir sözleşme yapmak zorundayız, ortak sorumluluk böyle krizler oluşmasına izin vermez, çünkü herkes açıkça birbirimize bağımlı olduğumuzu bilir. Eğer başkalarına zarar veriyorsak bu kendimize de zarar veriyoruz demektir.

Dr. Michael Laitman

Yeni Ekonomin Yararları

Ekonomik Bir Fırsat

Küresel ekonomide gelişmekte olan bu doğal süreci durdurmak mümkün değil. İşsizliğin artışıyla birlikte tüketimdeki düşüş, akla yatkın bir seviyede dengelenene kadar devam edecek. Pek çok ülke, özellikle de Gayrisafi Milli Hasılanın (GSYIH) %70'inin bireysel tüketimden geldiği ABD, bu yeni durumla başa çıkacak araçlara sahip olmadığı için bir çıkmazla karşılaşmaktadır.

İşsizlik yayıldıkça, tüketim azalacak, GSYIH düşecek, ekonomi gerilemeye girecek ve işsizlik daha da büyüyecektir. Ancak biz bu süreci kriz olarak görmemeliyiz. Tersine bizi bugünkü durumumuza getirmiş bulunan, bireyselliğe, rekabete ve kendi-merkezli menfaate dayalı olan değer yargıları dizisinin değişmesi için bir fırsattır. Bu, hepimize şimdi yaşadığımızdan daha yüksek bir hayat standardı getirecek olan yeni ve dengeli bir ekonomi yaratmamız için bir fırsattır.

Yeni ekonomik sistemin, dengeli bir ekonominin temel amacı tüm yurttaşlar için adil ve makul bir yaşam standardı sağlamaktır. Finansman kaynakları, sistemin istikrarını tehlikeye atan ihtiyatsızca şişirilmiş bütçelerden değil, yukarıda açıkladığımız dönüşümün sonucunda ortaya çıkan artık değerden gelecektir. Bu, mevcut krizlerle başa çıkmakta yetersiz olduğu kanıtlanmış olan eski ekonomik, bütçesel ve parasal araçlara gerek duyulmaksızın gerçekleşecektir.

Bunun yerine krizlerle başa çıkmak için bunların köklerini anlamaya başlamak zorundayız. Geniş kapsamlı bir açıklama, eğitim süreci sağlamalı ve ortak sorumluluk ve dayanışmaya dayanan değer yargılarına uygun bir toplum kurmalıyız. Tüm dünyanın tek bir aile olduğunu hissetmeye

başlamalıyız. Eğitim ve çevre etkisi ile mevcut işlerlik, amacı her bireyin, ailenin ve şirketlerin akla yatkın ihtiyaçlarını karşılamayı amaçlayan bir işlerlikle yer değiştirecektir. Bunu ötesindeki her şey toplum yararına kullanılacaktır.

Ortak sorumluluk süreci karşılıklılığı garanti eder. Ortak sorumluluğa göre işleyen bir toplumda, herkes eğer bir ihtiyacı varsa bunun karşılanacağını bilir. Böyle bir durumda kişi kendi kendisine bakmak zorunda olmadığı için herkesin yararı için yaratmak ve üretmek için serbest kalacaktır.

İnsanlar, kişisel servet veya unvanları yerine topluma olan katkılarına göre takdir görecekler. Düşünce yapısında böyle bir değişim, insanların sadece kendi kendilerine baktıkları zaman, ihtiyaç duyduklarında hiç kimsenin onlara bakmayacağını farz ettikleri için sakladıkları büyük miktarda artık değerin ortaya çıkmasına neden olacak. Ortak sorumluğa dayanan bir ekonomide, zor günler için tasarruf yapmaya gerek yoktur. Sosyo-ekonomik anlaşmanın bir parçası olarak, üzerinde fikir birliğine varılmış olan vergiler yoluyla tüm vatandaşlara bakmak toplumun rolü olacaktır.

Paha Biçilemeyen Nitelik - Ortak Sorumluluk

Ortak sorumluluk ekonomisinin enerji harcamalarının azalması ve iş piyasasının dönüşümüne ek olarak, başka pek çok avantajı ve tasarrufu vardır.

Konut: Hacizler, düşen fiyatlar ve riskli ipotekler nedeniyle konut edinmek pek çok ülkede özellikle de ABD'de sorun olmakta. Milyonlarca ev tahliye edilmiş ve milyonlarca ev sahipsiz, boş durmakta. Ortak sorumluluk ekonomisi toplumunda insanlar ve bankalar başkalarını düşündükleri için evleri hemen masrafların üstünde kiraya verecekler, böyle bir hareket onları büyük bir sosyal takdirle ödüllendirecektir. Ortak sorumluluk toplumunda, yaşamak için ihtiyaç duymadıkları arsalara sahip olan kişiler, bu arsaları konut yapımında ucuza konut inşası için kullanacaklar.

Aşırı Tüketim: İnsanlar makul bir hayat standardı için gerekli olandan daha fazla tüketiyorlar. Sahip olduğumuz ve kullanmadığımız ürünleri veya sadece bir yeni modeli çıktığı için değiştirdiğimiz ürünleri hesaba alırsak, bunların ihtiyaç sahiplerine dağıtımı ile yeni hiçbir ürün üretmeden tüm nüfusun ihtiyacı karşılanabilir. Başka bir deyişle pek çok ürüne gerçekte ihtiyaç yok, ancak rekabetçiliğimiz ve kendi-merkezliliğimiz nedeniyle eşitsiz bir dağıtım var. Karşılıklı olarak ortak sorumluluğu kurduğumuz zaman, herhangi bir ürün yokluğu olmadığını, tersine bolluk ve fazlalık olduğunu göreceğiz.

Yiyecek fiyatları ve hayat pahalılığı: Birleşmiş Milletler, Gıda ve Tarım Örgütü (FAO) bir raporunda şunu söylüyor: "Her yıl, insan tüketimi için üretilen gıdanın kabaca üçte biri kayıp ve ziyan edilmektedir."[106] Bu ürkütücü bilgiyi yeryüzünde aşağı yukarı 1 milyar insanın kötü beslendiği bilgisi[107] ile birleştirince ortaya birbiri ile hiç bağdaşmayan bir sosyal paradoks çıkmakta.

---

106 *"Cutting food waste to feed the world: Over a billion tonnes squandered each year,"* Food and AgricultureOrganization of the United Nations (May 11, 2011), http://www.fao.org/news/story/en/item/74192/icode/

---

107 *"Global hunger declining, but still unacceptably high,"* Food and Agriculture Organization of the United Nations,

Economic and Social Development Department (September 2010), www.fao.org/docrep/012/al390e/al390e00.pdf

Yeni Ekonomin Yararları

Dr. Michael Laitman

Her aklı başında insanın göreceği gibi artan gıdanın bozulmasının engellenmesi ve doğru şekilde dağıtımının sağlanmasıyla açlık ve açlıkla ilintili hastalıklar başka bir düzenlemeye gerek olmaksızın çözülecektir.

Başka bir paradoks da gıda fiyatlarıdır. Pek çok ülke özellikle düşük gelir seviyelilere zarar veren yüksek enflasyondan etkilenmekte. Ortak sorumluluk ilkesine bağlı bir toplumda böyle bir sorun derhal çözülecektir. Tüm insanlığın tek bir aile olduğunu idrak ettiğimizde, aile bireylerinin bir kısmının her gece aç karnına yattığını bildiğimizde hiçbir yiyeceği ziyan etmeyiz.

İş sektörü: Mevcut sistemi karşılıklı bağımlılık sistemine uyarlayacak olan eğitim süreci iş sektörünün farklı bir kazanç amacını kabul etmesine neden olacaktır. Kazancını tüketiciler aleyhine yükseltmek ve üretim maliyetini düşürmek için çalışan personele düşük ücret vermekle uğraşmak yerine yeni model tüm üretim maliyetini karşılayan ve halkın yararına yönelik bir sisteme göre çalışacak. Şirketler hisse senetlerinin değerine göre değil, topluma yaptıkları katkıya göre değerlendirilecekler.

Bu süreç yiyecek ve temel ihtiyaç maddelerinin fiyatını düşürecek ve insanların makul bir hayat standardının keyfini sürmesini sağlayacaktır. Son yirmi yıldır hayat pahalılığının artması sosyal adaletsizliği arttırdı ve milyonlarca insanı yoksulluk sınırının altına itti.[108]

---

108 "Poverty Reduction and Equity," The World Bank, http://web.worldbank.org/WBSITE/EXTERNAL/TOPICS/EXTPOVERTY/0,,contentMDK:23003429~pagePK:148956~piPK:216618~theSitePK:336992,00.html

Dr. Michael Laitman

> Yeni Ekonomin
> Yararları

Devlet müdahalesi olmaksızın gelirin adil dağılımı: Makul bir gelir düzeyinin ötesinde gelir artışı ile mutluğun artmadığına dair zaten yeteri kadar kanıt vardır.[109] İnsanlara sosyal dayanışma, ortak sorumluluk hakkında eğitim vermek ve sosyal çevreyi toplumdan yana etkinlikleri takdir etmek üzere şartlandırmak, hayatlarını sürdürmek için gerekenden daha fazla kazanç sağlayanlar arasında gelirlerinin bir kısmını halk yararına kullanma isteği yaratacaktır. Bu, düşük gelir seviyesindekilerin standart bir hayat sürdürmenin keyfini çıkarmalarına olanak verecektir. Bağışta bulunanlara toplumun şükranlarının verdiği mutluluk, birkaç ay sonra piyasaya çıkınca bir yenisini satın alacakları, bir süre sonra gereksiz diye atılacak olan ıvır zıvırları satın almaktan duyacakları mutluluktan çok daha fazla olacak.

Taykunların fikir değiştirmesi ve gücün merkezileşmesi sorununun çözülmesi: Dünya nüfusunun %1'i dünya servetinin %40'ını elinde tutmakta.[110] Böyle bir durum karmaşık ekonomik ve sosyal sorunlar ortaya koyar, genel nüfusta memnuniyetsizlik ve adaletsizlik duygusunu besler. Dünya zenginliğinin büyük bölümünü elinde tutanlardan birkaçının – toplumun ortak sorumluluk içinde yaşamayı öğrenmesiyle - fikir değiştirmesi, onları sosyal takdir ve sürekli finansal istikrar karşılığında servetlerinin büyük bölümünü topluma bırakmaya getirecek. Aynı zamanda serbest kalan fonlar geri kalan %99'un refahını güvenceye alacak, ekonomik adaletsizlik ve sosyal huzursuzluk saatli bombasını etkisiz hale getirecektir.

---

109 Kahneman, D.; Krueger, A.; Schkade, D.; Schwarz, N.; Stone, A. (2006). "Would you be happier if you wererricher? A focusing illusion". Science 312 (5782): 1908-10.

Yeni Ekonomin Yararları

Dr. Michael Laitman

Dünyanın süper-zenginleri, dünya servetlerini kontrol etmek yerine, dünyanın bir ucundan bir diğer ucuna kadar herkesin takdirini kazanmanın keyfini yaşayacaklar. Doğal olarak kendi refahları için gerekli fonu ellerinde tutacaklar, bundan fazlasını topluma katkıda bulunmak amacıyla değerlendirecekler. Eğer ortak sorumluluk değer yargılarını edinecek eğitimden geçerlerse bu fonları gönüllü olarak bağışlayacaklar.

Devlet bütçesindeki tasarruflar: Devlet dairelerinin şu anki birbirleriyle olan çatışmaları adeta bizim halkımıza karşı olan tutumumuzu yansıtıyor. Her bir ofis ayrı bir birim olarak hareket etmekte, kendi bütçesini arttırmak için mücadele etmekte. Kamu politikası araştırmaları, özellikle "Kamunun Seçimi" kuramı, bürokratların kendi ofislerinin bütçesini yükseltmek, saygınlık, para ve statü kazanmak için mücadele ettiklerini savunur. [111] Bunun sonucunda fonlar verimsiz ve savurganca dağılır. Tüm devlet daireleri tek bir ailenin parçası gibi hissederse, bütçede pek çok tasarruf sağlanır ve halka yarar sağlamak için kamu sektörü çok daha etkili yönetilir.

Güvenli bir gelecek: Yukarıda açıklandığı üzere, topluma yerleşecek olan yeni değer yargıları, kişisel kazancın yükseltilmesi yerine toplumsal kazancın yükseltilmesi doğrultusunda değişecek. Bu değişim halen mevcut olan ama görünmeyen tasarrufları açığa çıkaracak. Her aile için makul bir hayat standardı sağlanabilecek.

---

110 James Randerson, "World's richest 1% own 40% of all wealth, UN report discovers," The Guardian (December 6,2006), http://www.guardian.co.uk/money/2006/dec/06/business.internationalnews,

Joseph Stiglitz (abridged/edited by Henry Makow), "1% Controls 40% of US Wealth," henrymakow.com (April 10,2011), http://www.henrymakow.com/stiglitz.html,

Rachel Ehrenberg, "Financial world dominated by a few deep pockets," Science News (September 24, 2011),http://www.sciencenews.org/view/generic/id/333389/title/Financial_world_dominated_by_a_few_deep_pockets

111 Niskanen, W. A. (1987). "Bureaucracy" In Charles K. Rowley, ed. Democracy and Public Choice. Oxford: Basil Blackwell.

Toplumun kişi üzerindeki büyük etkisi göz önüne alındığında, yukarıda tanımlanan değişimin hem gerçekçi hem de gerekli olduğunu anlarız. Toplum tarafından belirlenen norm ve davranışlar bu ekonomik düzende değişecek ve Küresel-Bütünsel sisteme uyum sağlayacaktır. Doğamız gereği sosyal çevremizle anlaşma içinde olmaya ve takdir görmeye eğilimliyiz. Bu nedenle, toplumun bakış açısındaki bir değişiklik bireylerin ve toplulukların davranışını değiştirecek ve ekonomik ve sosyal sistemlerimizi – herkes için daha iyi olana - yeni gerçekliğe uyarlamamıza imkân verecektir.

Yeni Dünyada Ekonomistler ve Uzmanlar

Ekonomistler insan toplumunu Küresel-Bütünsel dünyaya adapte etmede temel rolü oynayacaklar

Kilit Noktalar

- Sanayi devriminden bu yana kişisel menfaat bağlarıyla dokunan ağ tüm potansiyelini tüketmiş durumdadır ve insanoğlunu küresel ekonomik krize getirmiştir.

- En parlak ekonomistler hayret içerisindedirler; ekonomik krizi geleneksel ekonomik politikalarla çözme çabaları, mevcut model Küresel-Bütünsel gerçekliğe artık uymadığı için başarısız olmuştur.

- İnsanoğlu, Küresel-Bütünsel Dünya'nın koşullarına uygun ihtiyaçlara göre ekonomik sistemini değiştirmezse varlığını tehdit eden unsurları aşamayacaktır.

Yeni Ekonomin Yararları
Dr. Michael Laitman

- Küresel-Bütünsel Dünya'nın kanunlarını anlamak toplumdaki ilişki ağını anlamanın ve yeni bir toplum inşa etmenin ön koşuludur.

- Ekonomistler ve sosyal bilim uzmanlarının insan toplumunun Küresel-Bütünsel dünyadaki ekonomik bağları adapte etmede oynaması gereken önemli rolleri var.

"Ekonomik ve politik felsefecilerin fikirleri yanlış olsalar, anlaşılır olmasalar bile etkileyici bir güç taşımaktadır. Elbette dünya başka şeylerle yönetilmiyor... Ben menfaat gruplarının güçleri, atılgan fikirlerine kıyasla, abartılmış olduğuna eminim... Ama er ya da geç, edinilmiş menfaatler değil, iyi ya da kötü, fikirler tehlikeli olur."[112]

–J.M. Keynes

Ekonomistlerin Özel Rolü

Ekonomik kriz ekonomistler ve kararları veren insanlar arasında kaygı yaratmaktadır. Küresel kriz, 1930'lı yıllardaki Büyük Kriz'den beri dünyanın geçirdiği en ciddi ve büyük ekonomik krizdir. Bu kriz hepimize bir şekilde dokunarak bizi sebeplerini dikkatli olarak incelemeye ve ekonomik düşüşe sebep olan artan dengesizliklere ciddi yaklaşımla düzen getirmeye zorlamaktadır. Ekonomistlere düşen görev herkesin krizi anlamasını sağlamak ve küresel ekonomik krizi düzeltmek için öncülük etmektir.

Ekonomik Düşünce Krizi

Krizin nedenlerini inceledikçe görülen şey mevcut ekonomik modellerin artık küresel hayatımıza uygun olmadığıdır. Eski modeller son yüz yıldan beri hâlâ dünyada söz sahibi olsalar da çok yetersiz kalmakta ve içinde bulunduğumuz yeni realiteyle başa çıkmamız için, şu anda eksik olan, yeni ve daha uygun düşünce şekilleri gerekmektedir.

---

112 John Maynard Keynes, *The General Theory of Employment, Interest and Money*, (U.K., Palgrave Macmillan, 1936), pp 383-4

Dr. Michael Laitman

Yeni Ekonomin Yararları

Birçok ekonomist ve finansçı mevcut ekonomik modelin olumsuz yanlarını ifade edip ekonomik kriz ve finansal yapının problemlerine bu noktadan değiniyorlar ve ek olarak da öngörülerinde ve krizlere yaklaşım modellerinde farklı fikirler savunuyorlar. Ancak, kriz kimseyi beklemez. Her gün, sistemli bir şekilde yayılmakta ve küresel ekonomik bir çöküşün tehlikesi artmaktadır.

Nihayetinde kriz şimdiki ekonomik düşünce ile Küresel-Bütünsel dünyada olması gereken düşünce arasındaki farktan ibaret. Prof. Joseph Stiglitz'in "İşleyen bir ekonomiyi hayal etmek: Kriz, Bulaşıcılık ve Yeni Bir Modele Olan İhtiyaç" adlı dersinde söylediği gibi, "Bilimin sınaması bir tahmindir ve eğer içinde bulunduğumuz küresel kriz gibi büyük bir krizi tahmin edemiyorsanız, modelinizde bir şeylerin yanlış olduğu barizdir o zaman."[113]

Ekonomik Araştırmada Yeni Bir Araç

Yaşayan organizmaları araştırarak, bir bilim insanı önce bir takım organların nasıl çalıştığını temel olarak anlar, sonra farklı sistemleri ve aralarındaki ilişkileri anlar ve böylelikle analiz ve sentez yapmaktadır. Sistemler arasındaki ilişkileri çalışan bilim insanları herhangi bir organizmadaki hücrelerin bütünleştirici bir güç sayesinde var olduklarına işaret etmektedirler. Hücreler faydalı maddeleri alır faydasız olanları atarlar ve böylece dengeli ve ahenkli bir hayat oluştururlar.

Bir fizyoloji bilgini nasıl araştırmaları için doğru araçları kullanmak zorundaysa bir ekonomist de aynı şekilde araştırmaları için doğru araçlarla çalışmalıdır.

---

113 "Short films from the 2011 Lindau Nobel Laureate Meeting in Economic Sciences," The New Palgrave

Yeni Ekonomin Yararları

Dr. Michael Laitman

Yeni bir modelin inşası için gerekli araçların eksikliği küresel krize bulunacak çözümü de geciktirmektedir. Yeni model bugünün sisteminin küresel, iç içe geçmiş ve ortak bağımlılık içerisinde oluşuna hitap etmelidir, şimdilik geçen yüz yıldan gelen ekonomik teorilerin sınırlamaları içinde, bu gelecek modeli tümüyle anlamasak bile.

Güvenilir Tahminleri Olmayan Birçok Bağlantı

Her teorinin amacı realiteyi basitleştirmektir, ekonomik teoriler de buna istisna değiller. Ancak, her araştırmacının bildiği gibi teori ve pratik arasında tam bir uyuma çok ender rastlanır. Şu anki ekonomik teori her insanın kişisel menfaatini azamiye çıkarmak istediği varsayımıyla, tüketici, üretici, firmalar ve ülkeler arasındaki ilişkileri bu prensibe göre tarif eder.

Teori tahmini sistemdeki her unsurun farklı öncelikleri olduğu ve her birinin kendi için en iyiyi elde etmek istediği varsayımındadır. Bu unsurların, firmaların, holdinglerin, piyasaların ve ülkelerin işlevi Küresel-Bütünsel dünyada daha karmaşık sistemlerle iç içe girip bağlanmış durumdadır. Bu son unsur - Küresel-Bütünsel dünya - karar alma zincirinin her halkasını etkilediğinden yeni ekonomik modellerin inşasında zorluklar yaratmakta. Bu durum aynı zamanda şu anki ekonomik teorilerin de işlememesinin temel nedenidir.

Dictionary of Economics Online, http://www.dictionaryofeconomics.com/resources/ news_lindau_meetinghttp://www.dictionaryofeconomics.com/resources/news_lindau_ meeting (see Stiglitz's lecture, minute 1:36)

Dr. Michael Laitman

Yeni Ekonomin Yararları

İnsan Davranışının Tahmin Edilememesi ve Ölçülememesi

Ekonomi istatistik, verileri kullanır ve değişkenlerin ayrıştırılmasını sağlayarak hangi ilişkilerin hangi koşulda kendilerini tekrarladığını bu biçimde görülebilir hale getirir. Bu istatistik araçlarını kullanarak, araştırmacılar geçmiş olaylardan öğrenirler ve zamanla davranış modelleri inşa ederler. Bu matematiksel araçları kullanarak bazı parametrelere değer vermek mümkün olur. Ancak, modellere ölçülemeyen parametreler dâhil etmek gerekirse ne olur? İnsan davranışı buna örnek bir parametredir ve ekonomi doğrudan insan davranışına endekslidir ve bu yüzden de sınırlı ve kesin hesapların yapılamayacağı bir alandır.

İnsan davranışlarının tahmin edilememesinin nedeni karar verme mekanizmasının her zaman makul ve mantıklı faktörleri içermemesidir. Sadece farklı araştırma metotlarını bir araya getirerek, farklı modelleri, örneğin klasik ekonomide olan ölçülebilir faktörler ve davranış ekonomisinde olan insan doğasını beraber kullanarak tüm sistemi araştırmak mümkündür. Araştırmacılar böylelikle insan doğasını anlayabilir, sistemin sınırlarını görebilirler ve dengeye getiren bağlantı unsurlarını anlayabilirler. Bunların hepsini başardıktan sonra şu anki krize neden olan dengesizlikleri görebiliriz.

Bu iki modelin el ele kullanılması, özellikle şimdiki kriz döneminde daha önceki krizlerden çok farklı bir krizi yaşarken, bir ön koşuldur. Yeni sistemin temeli tüm sistemin bütünleşmesi olacak. Tıpkı kapalı organizma sistemlerinde gördüğümüz gibi, yeni ekonomik sistemde, ekonomist değişiklikleri takip edebilecek, zarar noktalarını görebilecek ve sistemdeki elementlerin bağlantılarının doğru işleyişi için rakamsal bir değer biçebilecek.

Yeni Ekonomin Yararları
Dr. Michael Laitman

Yeni Ekonomik Teori—Küresel-Bütünselleşme

Şu ana kadar ekonomik teori ekonomik birimlerin davranışlarını belirli bir unsur seviyesinde ve genel bir seviyede belirleyebildi. Ancak, bu teori birimlerin her birine ayrı bir parça olarak bakıldığında çalışıyor. Bu, doğal olarak ekonomik araştırmaların farklı bölümlere ayrılmasına neden oldu, örneğin "işçi ekonomisi" istihdam dinamiklerini araştırmaya yönelik veya "makroekonomi" performans, yapı, işleyiş ve genel ekonomiye yönelik karar vermeyle ilgili araştırmalar. Bu ayrım her ülkenin piyasasına göre ekonomik birimler arasındaki bağlantıyı, kapalı piyasaları veya ülkeler arasındaki ticari ilişkileri açıklamaya yeterliydi.

Ancak, küresel ve bütünsel modelin talebi olan, tüm bu birimlerin sağlam tek bir çalışma alanı oluşturmasında başarılı olamadı. Sistemleri bir bütün olarak bir araya getirmek bugünün ekonomisinde en önemli faktör, çünkü aralarındaki kopukluk bugünün gerçekleri olan bütünsel sistem ve bağımlı dünyada uyumsuzluk yaratmakta.

Bugün, ekonomik ve finansal birimler tek bir küresel alan olarak işlemekte. Gereklilikten dolayı birbirlerine sıkı sıkı bağlılar. Bu durum kritik noktaya gelen değişime dayalı bir süreç ve ekonomistlerin elinde etkili değil, çünkü ekonomi bilimini geliştirdikleri dönemdeki dünya ile bugünkü dünya tümüyle farklı iki sistem.

Daha önce ekonomik ve finansal bağlar açıklanabiliyordu. Unsurlar arasındaki ilişkiler miktarlarla ifade edilebiliyordu. Şimdi dünyada bütünsel bir kanun işlemekte ve mümkün olabilecek bütün ilişkileri hesaba katıyor. Şimdiki ekonomik ve sosyal sistemleri bu kanuna

Dr. Michael Laitman

Yeni Ekonomin Yararları

uyumlu hale getirmek tüm bağlantılar arasında denge, uyum ve ahenk getirecektir. Madalyonun öteki yüzü olan uyumsuzluk ise giderek artan bir kriz durumudur.

Krizi Getiren Eski Ekonomik Modellerin Çöküşü

Bizi şimdiki ekonomik krize getiren mevcut ekonomik modelin gelişimi, yasal ve ahlaki temelleri, Doğu Asya'da ucuz işçiliği ve doğal kaynakları sömürmek için oluşturuldu. Bu temel şimdi herkesi geri dönüşü ve kaçışı olmayan bir bağımlılığa getirdi. Örneğin ABD, finans hizmetleri ve tüketim devi oldu. Çin, Hindistan ve diğer gelişen ülkeler ise dünyanın fabrikaları haline geldi. Küresel sistem hiç bu kadar bağımlı olmamıştı ve ekonomistler bu karşılıklı bağımlılığı destekleyen yeni bir model oluşturmak zorundalar.

İnsanoğlu bireysellikten, rekabetçilikten ve manipülasyondan, birbirine bağımlı küresel bir sisteme geldi ve ekonomistlerin bu sisteme uyumlu bir model oluşturması gerekmektedir. Model hepimizin küresel, iç içe bağlantılı, tümüyle bağımlı bir sistemde yaşadığımız gerçeğini göz önüne almak zorunda ve ancak bu şekilde içinde bulunduğumuz bu durumun işleyiş prensiplerini keşfettikçe doğru bir ekonomi inşa edebilir, dengeli ve mutlu bir hayat yaşayabiliriz.

Küreselleşme yeni bir keşif değil. Ekonomistler yıllardır bu kelimeyi konuşmalarında kullanıyorlar, Mark Vitner, küresel bağımlılığı somut bir şekilde tanımlıyor: "Bu durum omlete benziyor. Yumurtanın beyazıyla sarısını bu durumda ayırmak çok zor olur. Hatta ayırmak mümkün mü

167

> **Yeni Ekonomin Yararları**
>
> Dr. Michael Laitman

onu da bilmiyorum."[114] Buna rağmen ekonomistlerin karar mercilerine sundukları çözümler ve araçlar hâlâ geçersiz, ayrı ayrı unsurları hesaba katan eski modellere dayalı. Faiz oranlarını düşürmek, sisteme para aktarmak (para basmayı örtmek için kullandıkları teknik bir terim) veya vergileri indirmek gibi önerileri var.

Belki bu tür adımlar ilk yardım olabilir ama krize neden olan sorunun kaynağını çözmüyor ve sağlam, süreklilik sağlayacak etkili bir ekonomik sistem geliştirmiyor. Bu çözümler başarısız oluyor çünkü problemin kaynağına inmiyor, mevcut uygulanan ekonomik sistem ile Küresel-Bütünsel koşullar uyumlu değil. 2008 yılında yaşanan finansal krizden çıkmak için uyguladıkları para politikaları eski teorileri temel aldığı için acı bir başarısızlığa uğradı ve üç yıl önceki kriz, bugün çok daha tehditkâr bir hale geldi.

Problemleri Küresel-Bütünsel sistemin kurallarını anlamadan çözmeye çalışmak, krizi daha da körüklüyor. Dahası, dünyanın haliyle uyumsuz olan ekonomik sistemler ekonomik çöküş, devrim ve iç savaş tehlikeleri doğurmakta. 2011 yılının Arap Baharı, 2012 yılına sarktı ve ekonomik baskıların ne tür sonuçlar doğurabileceğini örneklerle görüyoruz. Dünyada radikal görüşler, ırkçı milliyetçi akımlar yükselmekte. Avrupa ve ABD'de artan gösteriler şiddete dönüşebilir, yerel barışı tehdit edebilir, ülkelerdeki politik sistemleri çökertebilir ve hatta bir dünya savaşına daha neden olabilir.

---

114 Associated Press, "Recession will likely be longest in postwar era," MSNBC (March, 2009),http://www.msnbc.msn.com/id/29582828/wid/1/page/2/

Dr. Michael Laitman

Yeni Ekonomin Yararları

Ekonomistlerin yeni dünya ekonomisinin kurallarını anlama sorumlulukları ve görevleri var. Küresel sistem bir insan ilişkileri sistemidir ve küresel iş birliği, dayanışma, birlik ve beraberlikle ahenge gelinebilir. Ekonomistler bu yeni yönü idrak edebilirlerse ancak Küresel-Bütünsel sistemde işleyebilecek uygun yeni modeller inşa edebilirler. Bu bizleri tümüyle yeni bir ekonominin inşasına getirecektir.

Yanlış Algılama

Küresel-Bütünsel bağımlı sistemi gösterebilmek ve özelliklerini keşfedebilmek için diğer bilim dallarından yararlanmalıyız. İlk olarak farkına varmamız gereken şey şu; hayatı olduğu gibi algılayamadığımız ama olduğuna "inandığımız" şekilde algıladığımızı fark etmemiz lazım. Eski Ulusal Çocuk Sağlığı ve İnsan Gelişim Enstitüsü genel başkanı Dr. Johnston Laurance bir makalesinde şöyle yazmakta: "Tüm bilimsel gözlemlerimiz – en temel seviyedekiler bile – gözlemcinin bilincine göre etkilenmektedir. Bu koşulda, 'Görürsem inanırım,' cümlesi gündelik kullanılışının yanı sıra son derece uygun bir tanım."[115] Bu makalesinde, Dr. Laurance bu görüşü benimseyen diğer bilim adamlarından da alıntılar vermekte; örneğin 19'uncu yüzyılda modern nörolojinin öncüsü kabul edilen nörolog Jean Martin Charcot: "Son incelemede, sadece görmek istediğimizi görüyoruz, görmemiz öğretileni görüyoruz. Önyargımızın parçası olmayan hiçbir şeye önem vermiyoruz."

---

115 Laurance Johnston, "Objective Science: An Inherent Oxymoron" (April 2007), http://brentenergywork.com/OBJECTIVE_SCIENCE_ARTICLE.htm

Yeni Ekonomin Yararları
Dr. Michael Laitman

Dolayısıyla krize doğru çözümü oluşturabilmek için önce kendimizi krize adapte etmemiz lazım ki problemleri çözmeye yaklaşmak için kullanacağımız araçlarımız uygun araçlar olsun. Peki, krize şimdiden uygun çözümler sunabilecek ekonomistler var mı? Maalesef yıllardır akademisyenler ekonomik denge ve toplumsal ahenk yerine maddi zenginliği arttırmaya kafa yordular. Krize doğru bir bakış açısıyla yaklaşmak için, ekonomi bilimi birçok alanı yenilenerek tekrar mevcut koşullar göz önünde bulundurularak öğretilmelidir.

Küresel İntegral Ekonomiyi Öğrenmek

İnsan toplumunun gelişimi sonucu içinde bulunduğu küresel bağımlılık ve sanayi devriminden bu yana fazla değişmeyen mevcut ekonomik modeller, krizin ana nedenidir. İkisinin arasındaki uçurumu anlamak problemi çözmenin ilk adımıdır ve bu ekonomistlerin bugün çözmeleri gereken temel sorundur.

İntegral düşünce, bir sistemdeki mevcut tüm parçaların her türlü bağlantı ve ilişkisini hesaba katarak araştırmacıya sistemin her seviyesinde doğru hesap ve tahmin yapabileceği araçlar sağlamalıdır. Ekonomistlere mevcut sistemde neyi ve nasıl değiştirmeleri gerektiğini söyleyebilmelidir. Ancak kendilerini önce eski düşünce şablonlarından ve geçersiz ekonomi modellerinden çıkarmaları gerekmektedir. İlk önce toplumsal değişimin dinamiklerini hissetmeye meyilli olan ekonomistler, politikacılar ve sosyologlar bütünsel düşünce şekline uyum sağlayacaktır.

Dr. Michael Laitman

Yeni Ekonomin Yararları

Yeni Bir Ekonomi İnşa Etme Fırsatı

Mevcut sistem birden bir kenara atılamaz. Önümüzdeki değişim derin bir algı değişikliği yapmamızı gerektirmekte. Bu tür bir değişim de düşünce şeklimizin değişmesini gerektiriyor, kişisel ve yerel menfaatlerden tüm insanların hayati ihtiyaçlarını düşünmeye doğru bir değişime. Zenginlik peşinde koşmak ve aşırı tüketim haline gelen statü sembollerini de materyalist olmayanla yani küresel insan toplumuna katkıda bulunarak statü edinme yönünde değiştirmeliyiz.

Ekonomistlerin önündeki bu fırsat ender bulunan bir mücevher, bu tür bir koşul nesiller boyunca ender rastlanan bir koşul. İnsanoğlu bir dönemin sonundadır ve yeni nedensellik ilkelerinin doğduğu bir dönemin başlangıcının sınırlarındadır. Ekonomistler insan toplumunun yapısını yeni bir gerçekliğe uydurmada çığır açan öncüler olma ayrıcalığına sahipler. Aralarında, Küresel-Bütünsel, her şeyin iç içe bağımlı olduğu bir sistemin prensiplerine göre ekonomik model inşa edebilecek olanlar, elbette büyük ödüllere layık olacaklar. İnsanoğlunun iyi geleceği ekonomistlerin gerekli değişimi yaparak insanoğlunu küresel refaha ve bolluğa getirmelerine bağlıdır.

Ekonomi Mesaj Kutusu

Genel

1) **Küresel-Bütünsel bir dünya:**

- **Küresel:** 'Küreselleşme' kültürü, insanları ve ekonomik etkinlikleri kapsayan alanlarda giderek artan uluslararası ilişkilere işaret eder. Daha çok da ekonomiye işaret eder; mal ve hizmet üretiminin tüm dünyaya dağılması; gümrük vergisi tarifeleri, ihracat bedelleri ve ithalat kotaları

> **Yeni Ekonomin Yararları**
>
> Dr. Michael Laitman

gibi uluslararası ticaret engellerinin azaltılması yoluyla mümkün oldu. Küreselleşme, gelişmiş ve gelişmekte olan ülkelerde artan uzmanlaşma ve karşılaştırmalı rekabet (bir kişi veya ülkenin belli bir mal veya hizmeti daha düşük maliyette üretmesi) ilkesine göre ekonomik büyümeye eşlik etti ve katkıda bulundu.

- **Bütünsel:** Bütün, tam, tüm. Aynı zamanda bir bütünü oluşturan parçalardan oluşmuş.

Bu iki süreç, küreselleşme ve bütünselleşme birbiriyle bağlantılıdır ve yeni Küresel-Bütünsel dünyayı tanımlar. Teknolojinin gelişmesi, internet, uydu haberleşmesi, dünya ticareti ve finans piyasası insanlığın yeni ve bağlantılı bir dünyaya doğru gelişmesini hızlandırdı.

Bu çark tersine döndürülemez; küresel bütünleşmeye karşı koymak imkânsızdır. Son krizler tüm insanların artık hayatımızın bir daha önceki gibi olmayacağını anlamasını sağladı. Dünyanın küresel bir köye dönüşmesi giderek hızlandı ve bizi karşılıklı bağımlılık ve karşılıklı etkileşimin etkisi ile birbirimizi dikkate almanın ötesinde birbirimize empati duymaya ve birbirimizin hayatında tamamen yer almaya zorunlu kıldı.

Krizler, Küresel-Bütünsel bir Dünya'nın gerektirdiği karşılıklı bağımlılık durumunda aramızda olması gereken bağ ile aramızda mevcut olan bireyciliğe, rekabete ve bencilliğe dayanan bağ arasındaki farktan kaynaklanır. Küresel krizlere çözüm aramızda yaşamakta olduğumuz dünyaya daha iyi uyan yeni tür bağlar kurmaktan başlar.

Krizler sistemin tümüne ait bir sorun olduğu için insanların ortak sorumluluk ve dayanışma içinde tek bir amaca – Küresel-Bütünsel dünya ile dengede olmaya - yönelik bağ kurması sonucunda aydınlanmış bir dünya yaratacağız.

Dr. Michael Laitman

Yeni Ekonomin Yararları

Dünya hepimizi bolluk içinde rahatlıkla barındıracak ve hepimiz Doğa ile aramızda ahenk kuracağız.

Ekonomi ve finans alanında karşılıklı bağımlılığımız açıkça görünüyor. Bu inkâr edilemez bir gerçek. Dünyanın her yanındaki borsalar arasındaki bağ özellikle kriz zamanlarında daha da sıkılaşmakta. Devlet tahvilleri piyasası küresel bir mekanizmadır, bununla ülkeler birbirlerinden çok büyük miktarda para sağlarlar, birbirlerinin finans piyasasını etkilerler. Ekonomi, sınırlar ötesi sıkı bir ilişkiyi yansıtır, birçok firma birçok ülkede üretimi olan ve dünyanın her yerine mal satan uluslararası şirketler haline geldi. Bugün hiçbir ülke kendi kendine yeterli değildir, ekonomik krizler bunu her gün kanıtlıyor.

2) Ortak Sorumluluk: Küresel-Bütünsel dünya bizim insan ilişkilerini algılama biçimimizin değişmesini gerektirir. Bu ilişkiler, aile içinde olduğu gibi, birbirini düşünme ve özen göstermeye dayanmalıdır. Her şeyden önce bu kişisel değişim bizim başkaları ile ilişkimizin değişmesini şart koşar. Bu daha sonra birey, toplum, devlet ve ulus seviyesindeki her konuyla ilgilenen bir ekonomik ve sosyal antlaşmaya dönüşecek. Ortak sorumluluk ekonomisi, bireycilik, rekabetçilik, kendi-merkezli başkaları pahasına da olsa kazanç gözetmek yerine herkesin temel ihtiyaçlarını gözeten dengeli bir ekonomiye olan dönüşüme dayanacaktır. Bu ekonominin amacı herkesin rızası ile ve şeffaf uygulamalarla toplumun refahı ve sosyal uçurumların kapatılması olacaktır.

3) Yuvarlak Masa: İnsanların temel ihtiyaçlarını belirlemek için tıpkı bir aile gibi, hepimiz eşit olarak yuvarlak masa başına geçip tartışmalıyız. Politikacılar, ekonomistler, sosyologlar ve farklı disiplinlerden gelen uzmanlar baş başa verecek ve bu geniş aileye en iyi nasıl hizmet verileceğine

kafa yoracaklar. Bu, öncelikleri geniş bir ortak rıza ile doğru şekilde belirlemenin tek yoludur, sonra ulusal ve uluslararası bütçeler içinde uygulamaya konur.

4) Bilgilendirme ve Eğitim: İlişkilerimizi değiştirmek ve ortak sorumluluk ve daha güçlü karşılıklı bağlantı kurmak için gerekli olan kişisel değişimin temeli eğitim ve bilgilendirmedir. Ortak sorumluluğa doğru ilerlemenin tek yolu budur.

Ders programı başka konuların yanı sıra şunları da içerir:

- Kişisel finansman

- İnsanlara derhal içinde bulundukları ekonomik ve finansal durumda yaşamak, krizlerin insanların hayatına yaptığı etkilerle başa çıkmak için verilecek gerekli beceriler.

- İnsanlara Küresel-Bütünsel Dünya'nın farklı yönleri ile ilgili bilgi vermek, sebeplerini açıklamak, küreselleşme ve kişinin başkaları ile olan ilişkileri arasındaki bağlantı nedir, kişi üzerinde sosyal çevrenin etkisi nedir? Dayanışma ve ortak sorumluluk hayatına geçiş süreci sosyal çevrenin desteği ve teşviki olmadan mümkün olamaz.

- Ortak sorumluluk bir yaşam biçimidir, küresel ve bağlantılı bir dünyada sürdürülebilir ve barışçıl bir hayat için gerekli sosyal becerileri içerir.

Küresel Ekonomik Krizler:

1) Ekonomi insan ilişkilerinin doğasını yansıtır: Ekonomi insanın doğasının bir ifadesidir ve insan ilişkilerini yansıtır. Bu nedenle de insanın gelişmişlik seviyesine uygun olmalıdır. Böylece, Küresel-Bütünsel gerçekliğin özelliklerini, nerede karşılıklı bağımlı olduğumuzu

anlamalıyız. Bütünsel gerçeklik, ekonomik ve sosyal refah elde etmek ve insan ilişkilerini Küresel-Bütünsel dünyaya uyarlamanın avantajlarından faydalanmak için ortak sorumluluğa erişmenin gerekliliğini vurgular. Yeni ortak sorumluluk ekonomisinin kuralları insan ilişkilerindeki bu değişimi yansıtacak. Yalnızca böyle bir değişim ekonominin istikrarlı, etkin ve sürdürülebilir olmasını garanti edecek.

2) Ekonomik krizlerin nedeni, mevcut sistemle Küresel-Bütünsel bir dünyada gereken sistem arasındaki uçurumdur: Krizler her şeyden önce insan ilişkilerinin krizidir, hayat tarzımızın bireyci ve rekabetçi doğası ile küresel ve bağlantılı dünyanın gerektirdiği arasındaki uçurumdan kaynaklanmaktadır. Dünya bizim ortak sorumluluk bağları kurmamızı, birbirimizin ihtiyaçlarına karşı duyarlı olmamızı ve herkese yararlı olana katkıda bulunmamızı zorunlu kılıyor.

3) Parçalanmış olan ekonomi, krizlerin nedeni değil sonucudur: Küresel krizlerle başa çıkmak sadece belirtilere yönelik değil ama tamamına yönelik olmalı, insan ilişkilerindeki temel değerler değiştirilmeli. Ancak böyle bir değişim bizi yeni, adil, toplumdan yana ve dengeli bir ekonominin yapılanmasına götürebilir. Sadece bizim, çözümün aramızdaki ilişkinin içinde olduğunu anlamamız krizlere doğru çözümler bulmamıza imkân verecektir.

4) Yeni bir modele ihtiyaç var: Ne mevcut yöntemler ne de ekonomik sistemler ve kuramlar Küresel-Bütünsel sistemle başa çıkmak üzere kurulmuştur. Bu nedenle bu modeller kökten değişmelidir. Yeni bir ekonomik teori insanların ortak sorumluluk ilişkisi içinde olacağı önermesine dayanmalı ve bunu bir hayat tarzı olarak benimsemiş olan gelişmiş bir toplumu temsil eden özverili bir sosyo-ekonomik modelin peşinde olmalıdır.

Yeni Ekonomin Yararları
Dr. Michael Laitman

Eğer "görünmez el" modeline dayanan mevcut kapitalist modelin içinde kalırsak, ekonomistler ve teorisyenler en az devlet müdahalesi düşüncesini destekledikleri için gerekli değişimi yerine getirme olanağımız engellenir. Hizmet verdiği insanların faydası için en uygun dengenin doğal olarak gelişeceğini varsayarlar.

5) Ekonomik araçları değiştirmek: Krizlerle başa çıkmakta kullanılan geleneksel araçlar bu krizlerde başarısız kaldı. Tüm dünyada krizlere çözüm olsun diye yapılan, tüm bütçesel ve parasal genişlemeler, sermaye artırımları, kurtarma ve teşvik programları bilinen eski ekonomik görüşe dayanır. 2008'den bu yana krizlerin sadece belirtileri ile uğraşıp kökünde yatan nedenle uğraşmamızı engelleyen tüm kurtarma programları yalnızca başarısız olmadı ama krizleri daha da azdırdı. Acilen yeni bir model kurmamız gerekli, mevcut modelimiz, dünyanın gelişimi sonucunda geldiği karşılıklı olarak bağımlı bu yeni küresel sosyo-ekonomik ağ için uygun değil.

6) Bir fırsat olarak krizler: Ekonomik ve finansal krizler uzmanları ve karar mercilerini insan ilişkilerini Küresel-Bütünsel Dünya'nın gerektirdiği biçimdeki ilişkilere ve bu sosyo-ekonomik sisteme göre uyarlama gerekliliğini farkına varmaya yöneltiyor. Dünya, insanları birbirinin yakınına çekiyor, onları birbirine özen göstermeye ve içtenlikle iş birliği yapmaya zorluyor. Sosyal bağlılığa doğru yöneltiyor, saldırgan, abartılı rekabeti Küresel-Bütünsel Dünya'nın gerekleri ile değiştirmeye zorluyor. Bu sistemler arasındaki uçurumu daraltmak derhal rahatlama sağlayacaktır.

Dengeli Bir Ekonominin Özellikleri:

1) Yeni bir kazanç ve fayda işlevi: Gerçeklik bizim mevcut ekonomik ve sosyal sistemlerimizi ortak

sorumluluğa, dayanışmaya, birlikteliğe, bilgi ve kaynak paylaşımına, dengeli tüketime dayanan sistemlerle değiştirmemizi zorunlu kılar. Ekonomik, kamu maliyesi ve parasal mekanizmalarımızı da birleştirmeliyiz. Mevcut ekonomi kişisel faydayı ve kazancı arttırmaya, rekabete ve insanlar ve ülkeler arasındaki çelişkileri tahrik etmeye dayanırken bu yeni sistem ortak sorumluluğu ifade etmelidir.

2) Geliri tüketimden ayırmak: Çalışmasına ve yeteneklerine göre topluma yaptığı katkıdan bağımsız olarak herkesin, makul bir hayat standardı için gerekli olan her şeyi satın alabilecek gücü olacak. Başka bir deyişle herkes toplum için elinden geleni yapacak ve toplumdan yaşamı için gerektiği kadarını alacak. Karşılıklılık ve şeffaflık temel rolü oynayacak. Geliri tüketimden ayırmak herkes için geçerli olacak ancak bu herkes gelir mülkiyet veya halk yararına eşit katkıda bulunacak anlamına gelmeyecek.

3) Göreceli ve herkesin yaratılışına göre eşitlik: Ortak sorumluluk ekonomisi sosyo-ekonomik eşitsizliğin tamamen yok olana kadar azalmasını da beraberinde getirecek. Toplum gelir, hizmet ve maddi kaynakların keyfi dağıtımı ile zoraki bir eşitlik getirmek zorunda değil. Aksine dağıtım göreceli bireysel – herkesin belirli ihtiyacına göre – makul bir yaşam için olmalı. Makul bir hayat standardı, herkesin yaşamak için olan zorunlu ihtiyaçlarını garanti eder ve kişinin veya ailenin rahat yaşamak için olan kendine özgü ihtiyaçlarına imkân sağlar. Bu standart kişinin yakın çevresindeki hayat standardı ile yani herkes için norm olan yoksulluk sınırının yukarısı ile uyumlu olmalı. Bu standart yuvarlak masada fikir birliği ile kararlaştırılacak. Eşitlik, kaynakların adil dağıtımında, karar üretme sürecindeki şeffaflıkta, bireylerin kendileri ve aileleri için tam katılımları

ve topluma ve kamu yararına ellerinden gelen en iyi şekilde katkılarında kendini gösterecek.

4) Makul bir hayat standardını güvenceye almak: Herkese kendisini makul bir seviyede yaşatan standart bir hayat güvencesi sağlanacak. Doğumdan ölüme kadar konut, sağlık, eğitim dâhil hizmet ve ürünler, yiyecek, giyecek ve bireylerin ve ailelerin rahat yaşaması için gerekli her şey genel toplumun ekonomik imkânları dâhilinde karşılanacak. Bu, yukarıda tanımlanan yoksulluk sınırının üstünde bir hayat standardını gerektirmektedir. Bunun sonucunda bazı bireylerin ve ailelerin hayat standartları yükselecek, bazılarınınki ise düşecek. Ancak tüm süreç, ortak sorumluluğu bir yaşam biçimi olarak benimsemiş bir topluma uygun olacağı üzere herkesin ortak fikriyle, ortak sorumluluk anlayışı ve birbirine özen göstermesiyle olacak. Bilgilendirme, eğitim ve çevrenin etkisi göreceli eşitlik ve herkese makul bir hayat standardı güvencesi için gereken değişikliklerin telkin edilmesinde kullanılan yapı taşlarıdır.

5) Dengeli bir ekonomi: Dengeli tüketim bu yeni dengeli ekonomi için bir zorunluluktur. İnsan ilişkilerini Küresel-Bütünsel dünyada aramızdaki bağımlılığa göre uyarlamak yalnızca tüketimi değil tüm ekonomik modeli değiştirecektir. Rekabetçi, şişirilmiş, kendi-merkezli ve ziyankâr bir ekonomiden dengeli, istikrarlı, işlevsel ve dayanışma içinde bir ekonomiye doğru gidilecektir ve bu daha ileri aşamalarında özgecil hale bile gelecektir. Tüm ekonomik sistemler – üretim, ticaret, tüketim, finans sistemi ve toplumsal sistemler ne daha az ne de daha fazla ama tam olarak insanların makul tüketim ihtiyaçlarına göre düzenlenecektir.

6) **Büyüme:** Temel amaç olarak ekonomik büyüme peşinde koşmak toplumun refahı ve mutluluğuna hizmet etmez. Baskı yaratır ve ekonomiye ve topluma zarar verir. Dengeli bir ekonomiye dönüşüm gereksiz büyümeyi kutsayan sistemi yersiz kılar. Bir ülkenin ekonomik başarısını Gayrisafi Milli Hasılanın (GSYIH) büyümesi ile ölçmekten vazgeçeceğiz. Ülkenin yeni ekonomik amacı tüm yurttaşlarının temel ihtiyaçlarını sağlamak olacaktır. Bunun ötesindeki tüm ulusal ve kişisel kaynaklar yurttaşlarının kişisel ve kolektif potansiyellerini geliştirmek ve gerçekleştirmek amacı ile kullanılacak.

7) **Yeni ekonomi içindeki artık değerler:** Ortak sorumluluk temeline dayalı bir ekonomi, finansal, ekonomik ve doğal kaynaklarda önemli miktarda artık değerler yaratacaktır. Her koşulda ihtiyaçlarımızın karşılanacağından emin olduğumuz için menkul değer veya para biriktirmeye ihtiyaç duymayacağız. Ülkeler ve şirketler de bu ilkeye uyacak, doğal kaynak, fazla arazi ve kiralık konut bolluğu ortaya çıkacak ve aşırı tüketimin azalması ile açığa çıkan kaynaklarda, halen dağıtılacak yerde ziyan edilen yarı-hazır gıda ve çiftlik ürünlerinde artık değerler ortaya çıkacaktır. Bu insanlardaki birikim fazlalıklarının yanı sıra gelirin adil bölüşümü ve Taykunların arasında eşitsizliği azaltmak isteyen gönüllülerden ve birikimleri kendi ofisleri için tutmak ihtiyacında olmayacak olan devlet dairelerinden de ortaya çıkacaktır. Yeni ekonomideki bu kavramın önemli olması nedeniyle "Sermaye Fazlası ve Halkın Refah ve Mutluluğunun İyileştirmek" adlı bir bölümü tamamen bu konuya ayırdık.

8) **Vermenin hazzı:** Ortak sorumluluk temelli bir ekonomide maddecilik gereksinimlerin karşılanmasında doğal yerini bulacak. Tatmin ve çalışma isteği ortak

Yeni Ekonomin Yararları — Dr. Michael Laitman

sorumluluk ilkesi içinde yaşayan bir toplumun parçası olmaktan gelecek, ek gelir veya mülkiyet edinmek için değil. Bunun yerine mutluluk başkalarının ihtiyaçlarını sağlamak ve genel refah ve mutluluğa katkıda bulunmaktan gelecek. Başarılarımız bu yeni sosyo-ekonomik anlaşmaya, başkalarının gelişmesine katkı ve insan ilişkilerindeki karşılıklı münasebete katkımızdan kazanılacak.

Vermekten duyulan haz, çevrenin etkisi, bilgilendirme ve ortak sorumluluk için eğitim ile giderek artan içsel değişimin bir sonucudur.

9) İşsizlik İçin Acil Plan: Krizler ve aşırı şişmiş olan rekabetçi ekonomiden dengeli ekonomiye geçme gerekliliği nedeniyle işsizlik artmaya devam edecek. Yüz milyonlarca insan işsiz kalacak ve acil olarak bununla ilgilenilmesi gerekecek. Bu sosyo-ekonomik saatli bombanın aileleri yok etmesi, eşitsizliği arttırması, toplumda ayrımcılığa, şiddete ve sosyal ve yönetimsel istikrarsızlığa yol açma potansiyeli var. Ortak sorumluluk ilkesine göre, Küresel-Bütünsel dünya çerçevesi içinde, işsizlik için acil plan devlet tarafından düzenlenen bir eğitime katılanlara adil bir geçinme-bursu sağlamayı da içerir. Bu eğitime katılım çalışmak olarak kabul edilir. Bunun detaylar, içeriği ve devlete ve halka faydaları için "İşsizlik İçin Acil Plan" bölümüne bakın.

10) Devlet mekanizmalarını ve finansal mekanizmaları birleştirmek: Halen öncelikle eğitim, ekonomi ve sağlık alanındaki pek çok uluslararası enstitü, Dünya Bankası, Uluslararası Para Fonu (IMF) veya UNESCO uluslararası toplulukların karşılıklı yardımlaşma, bilgi paylaşımı, sınırlar ötesi ve kültürler ötesi iş birliği ihtiyacını yansıtmaktadır. "Ortak sorumluluk" antlaşması çerçevesi içinde insanlar arasındaki bu yeni bağlantı uluslararası dayanışmayı hızlandıracaktır.

Dr. Michael Laitman

Yeni Ekonomin Yararları

Tek ve kapalı bir ekonomik sistem içinde yaşıyoruz, burada hiçbir ülke tek başına davranamaz, ancak diğer ülkelere karşı sorumlu ve bağlı olarak davranabilir. Bu nedenle de uluslararası dayanışmanın artması ve derinleşmesi, bütünsel sistemde tek bir baş olacağı kabulü ile parasal ve bütçeyle ilgili araçların Küresel-Bütünsel Dünya'nın kanunlarına uygun olarak birleştirilmesi doğaldır.

11) Sosyal Taykun: Ortak sorumluluk temelli sosyo-ekonomik sistemde Taykunlar doğru yerlerini bulacaklar. Ahenkli bir sistemin gerektirdiği eşitlik ve herkesin doğasına ve ihtiyaçlarına göre, kişinin topluma katkı potansiyelini gerçekleştirmesine göredir. İnsanlığın ortak sorumluğa yönelik eğitimi Taykunların değer yargılarını hükmetmek ve tüketiciler pahasına kazançlarını yükseltmek yerine başkalarına özen gösteren toplum yanlısı değerlerle değiştirecektir. Zenginler şık arabaları, özel jetleri veya villaları nedeniyle değil, topluma, çevreye, ülkeye ve dünyaya olan katkıları nedeniyle takdir görecekler. Aynı zamanda Taykunlar zenginlik üretmedeki özel yeteneklerini toplum yararına kullanmaya devam edebilecekler. Bu, Taykunları tatmin edecek, tıpkı bir aile içinde olduğu gibi, ailenin temel kazanç sağlayan kişisinin tüm ailesinin refah ve mutluluğundan keyif alması gibi.

12) Ortak sorumluluk göstergesi: Günümüzde ekonomik ve sosyal adaletsizliği ölçen mekanizmalar var. Bir ortak sorumluluk göstergesi geliştirdiğimizde, şirketlerin, ülkelerin ve organizasyonların ne ölçüde ortak sorumluluk ilkesini ve bu kitapta tanımlanan dengeli ekonomiyi uyguladıklarını ölçebileceğiz. Bu gösterge bizim ortak sorumluluğa doğru ilerlememizi de ölçebilecek.

Yeni Ekonomin Yararları

Dr. Michael Laitman

Karşılıklı Sorumluluğa Dayalı Ekonominin Faydaları

1) Hepimiz için adil bir yaşam: Karşılıklı özene dayanan ekonomi politikası, fakirlik sınırında yaşayan insanlara yardım etmek için gereken devlet fonlarını adil olarak paylaştırmamıza yardım edecektir. Aynı zamanda, yaşam becerisi eğitimi ve tüketici bilimi, insanlara finansal bağımsızlığı edinmede yol gösterecektir. Paramızın ve aşırı-tüketimimizin ötesinde yaşamak, iyileştirilmesi gereken küresel bir salgın hastalıktır. Bu 2008'den beri süren ekonomik krizlerde başrolü oynamaktadır.

2) Hayat pahalılığını azaltmak: Açgözlülük artık ekonomik ilişkilerimizin temeli olmadığında, her birimiz makul bir kazançla yetindiği zaman ve başkaları pahasına kazancımızı arttırma peşinde olmadığımızda, ürün fiyatları maliyet fiyatına kadar düşecek. Bundan öncelikle düşük gelir seviyesinde yaşayanlar faydalanacak. Hayat pahalılığının düşürülmesi toplumdaki sosyal ve ekonomik uçurumları azaltacaktır.

3) Sosyal adaletsizliği azaltmak: Mevcut küresel ekonominin en belirgin özelliği, adaletsizliğin sürekli artmasıdır. Sosyal adalet talebinde bulunan dünya genelindeki huzursuzluğun ana sebebi budur. Birbirimize bir ailedeki gibi davranırsak, fırsat eşitsizliğinin aramızda ya da dünyanın hiçbir yerinde olmasını hoş görmeyiz. Devrim korkusu, şiddet ve huzursuzluk yerine, karşılıklı sorumluluk ekonomisi sosyal ayrılıkları azaltır ve sistemin durağanlığını sağlar. Eşitsizliği azaltmak demek, diğer şeylerin yanı sıra en tepedeki yüksek ücretlilerin ekonomik ve sosyal ödün vermesi demektir. Doğru eğitim, çevre ve iletişim mekanizmasının etkisi— örneğin yuvarlak masa—

bütün kararların şeffaflıkla ve adil olarak verildiğini ve karşılıklı sorumluluk için gerekli olan, sosyal ve ekonomik mutabakata varıldığını, gösterecektir. Ortak memnuniyet için ödün verenler, karşılığında katkıları sebebiyle halkın takdiriyle ödüllendirilecektir. Buna ilave olarak, yardım alanlar ve olanaklardan yararlananlar, daha mutlu ve haysiyetli bir yaşam sürecek ve aynı zamanda yeni ekonomi yöntemini de benimseyeceklerdir.

4) Gerçek, Eksiksiz Bir Bütçe Reformu: Toplumdaki her bir birey için sosyal adalet hissini ve karşılıklı sorumluluğu oluşturacak tek şey, hepimizin aynı gemide olduğunu ve beraberce çalışmak zorunda olduğumuzu bilmektir. Yaygın bir fikir birliği içinde daha adil bir öncelikler düzeninde karar almalıyız, ringdeki güreşçiler gibi değil. Şeffaflıkla yönetilen ve herkesin karar mekanizmasını anladığı ve katkıda bulunduğu bir ekonomi olmalıdır.

5) İşçi-İşveren İlişkisini ve Firma-Hükümet İlişkisini Geliştirmek: Ortak-sorumluluk temelindeki bir ekonomi ve devlet sistemi ortak sorumluluk çatısı altındaki insanlara karşı dostça davranır, onları idare etmek yerine onlara bakar. Benzer gelişmeler iş sektörlerinde ve devletin vergi sistemlerinde de yer alır.

6) Güven Duymak: Yeni ekonomiye geçiş, aşamalı olacaktır. İlk önce değişimin ve ümidin topluma verdiği yeni bir hava, kişisel güven ve bütünlük hissi oluşacaktır. Mevcut kullanılma korkusu yerine birçok alanda ödün vermek ve cömert davranışlarda bulunmak için bir yol açılacaktır, örneğin daha uygun konut fiyatları, çalışanlarından istifade etmeyen iş anlaşmaları, adil bankalar ve makul fiyatlarda hizmet veren hizmet sağlayıcılar. Kısacası insanlar bu belirsiz zamanlarda, şiddetle ihtiyaç duyduğumuz ve paranın satın alamayacağı hislerle, ilişkilerinde güven hissedecek.

> **Yeni Ekonomin Yararları**
>
> Dr. Michael Laitman

7) **Uygulanabilir Karar-alma Süreci:** Yeni ekonomi şeffaflıkla yönetilecektir, herkes kararların nasıl alındığını görecek ve onları etkileyebilecek. Pratik bir karar-alma sürecini oluşturmada tek yol, alınan kararların âdil ve önyargısız olduğunu ve herkesin ihtiyaçları doğrultusunda alındığını insanların anlamasıdır. Aynı zamanda bu durum, sosyo-ekonomik sistemin sürdürülebilirliğini de sağlayacaktır.

8) **Dengeli Tüketim:** Fazla tüketimin peşinden gitmek uzun zamandır hayatımızda ve tüm dünyada, önemli bir yer işgal etti. Karşılıklı sorumluluk ekonomisinde, bu durum daha dengeli bir tüketime doğru değişecek. Mevcut krizler sebebiyle, rekabetçi, ziyankâr ve eşitsiz ekonomiden, herkesin temel ihtiyacını sağlamayı amaç edinen daha dengeli, fonksiyonel bir ekonomiye doğru giden, bir süreç başladı. Bizi gereksiz ürün ve servisler almaya ikna etmiş olan reklamların ve diğer organların baskısı kaybolacak, tıpkı sayısız yararsız markanın ve ürünün kaybolduğu gibi. Onun yerine toplum hayatına dâhil olmak ve katkı sağlamak, tüm bunların yerine geçecek.

Bununla beraber, azalan talep sebebiyle fiyatlar düşecek ve makul bir seviyeye inecek ve hepimiz için haysiyetli bir yaşam mümkün olacak. İşletmeler sadece bizim dengeli ve rahat yaşamamız için gereken malı üretecek.

9) **Küresel Denge ve Ahenk:** Aşırı tüketimden, dengeli bir satın almaya geçmek, gelecek yıllarda rahat yaşamamızı sağlayacak uygun kaynakları barındıran bir Yeryüzünü ortaya çıkaracak. Doğal kaynakların ziyan edilmesi son bulacak ve biz muhteşem tazelenme becerisine sahip bir Yeryüzü keşfedeceğiz.

Dr. Michael Laitman

Yeni Ekonomin Yararları

Karşılıklı sorumluluk ekonomisinin dengesi, güçlü bir sosyal birliğe ve ortak memnuniyete dayanmaktadır. Bu dengelenmiş yapı, küresel alanda birleşmemizi, sosyal-ekonomik sistemlerin tek ve ahenk içinde olmasını ve birbirimizle bağ içinde olmamızı talep eder. Bu denge ve ahenk tüm insanlığın ihtiyaçlarını sağlayacak, destek verecek ve kendi içimizde büyük bir potansiyel olduğunu anlamamızda bize cesaret verecektir.

Yazar Hakkında

Ontoloji ve Bilgi Teorisi Profesörü, Felsefe Doktorası yanında Medikal Sibernetik dalında Master diplomasına sahip, Dr. Laitman, Kuzey Amerika, Orta ve Güney Amerika'nın yanı sıra Asya, Afrika ve Doğu ve Batı Avrupa'da şubeleri olan ARI Enstitüsünün kurucusudur.

Dr. Laitman yenilikçi fikirler yoluyla eğitim politikalarında ve uygulamalarında pozitif değişimlerin geliştirilmesine ve günümüzün en baskıcı eğitimsel problemlerine çözümler bulmaya kendini adamıştır. Eğitime karşılıklı bağımlı ve bütünleşmiş dünyanın kanunlarını uygulayarak yeni bir yaklaşım sunmuştur.

Küreselleşmiş Dünyada Yaşamak İçin Bir Rehber

Dr. Laitman teknolojik olarak birbirine bağlanmış yeni küresel köyde nasıl yaşanacağına dair belirli esaslar sunar. Yeni bakış açısı insan yaşamındaki her alana dokunur: sosyal, ekonomik ve eğitime özel bir vurgu yaparak. Su yüzüne çıkan birbiriyle daha sıkı bağlantılı realitenin içinde birbirine bağlı bir toplum yaratmak için evrensel değerler üzerine inşa edilmiş yeni küresel bir eğitim sisteminin altını çizmektedir.

UNESCO Genel Müdürü Irına Bokova ve Birleşmiş Milletler Genel Sekreter Yardımcısı Dr. Asha - Rose Migiro ile olan toplantılarında, dünya çapındaki güncel eğitim problemlerini ve çözüm için görüşlerini tartıştı. Bu kritik, küresel konu büyük değişimin tam ortasındadır. Dr. Laitman günümüz gençliğinin kendine has tutkularını göz önüne tutarken ve onları çok dinamik, küresel bir dünyaya hazırlarken mevcut yeni komünikasyon araçlarından yararlanmanın önemini vurgular.

Dr. Laitman son zamanlarda uluslararası enstitülerle çok yakın çalışmalarda bulunmuş ve Tokyo'da (Goi Barış Kuruluşuyla), Arosa'da (İsviçre) ve Düseldof'da (Almanya) ve Kültürlerin Uluslararası Forumu'yla birlikte Monterey'de (Meksika) birçok uluslararası organizasyonlara katılmıştır. Bu organizasyonlar UNESCO tarafından desteklenmiştir. Bu küresel forumlarda, dünya krizi hakkında hayati önem taşıyan tartışmalara katkıda bulunmuş ve gelişmiş bir küresel farkındalık yoluyla pozitif bir değişim için gereken adımların altını çizmiştir.

Dr. Laitman aralarında Corriere Della Sera, The Chicago Tribune, The Miami Herald, The Jerusalem Post, The Globe, RAI TV ve Bloomberg TV olan birçok yayında yer almıştır.

Dr. Laitman tüm yaşamını modern dünyamızdaki hayatın anlamına cevaplar arayarak insan ve toplum doğasını araştırmakla geçirmiştir. Akademik geçmişi ve engin bilgisi onu dünya çapında takip edilen bir dünya düşünürü ve sözcüsü yapmıştır.

Dr. Laitman'ın bilimsel yaklaşımı tüm milliyetlerden, inançlardan olan insanların farklılıklarının üzerine çıkmasına ve karşılıklı güvence ve işbirliği küresel mesajı etrafında birleşmesine olanak sağlamıştır.

Bütünsel Toplumun Psikolojisi

Bu kitapta, Profesör Michael Laitman ve Profesör Anatoly Ulianov bir seri karşılıklı konuşma ile eğitime ufuk açıcı bir yaklaşımla ışık tutmaktalar. Rekabet içinde olmamak, sosyal bir çevre içinde yetiştirilmek, akranların eşitliği, karşılıksız verenlerin ödüllendirilmesi, sürekli değişen grup ve öğretmen yapısı, bu kitap içindeki yeni kavramlardan sadece birkaç tanesidir. 21. inci yüzyılda daha iyi bir anne-baba, daha iyi bir öğretmen ve daha iyi bir insan olmak isteyen herkesin bu kitabı okuması mutlaka gerekli."

Doğanın Kanunlarıyla Bütünleşmek

Ve Yaşam Tek Bir Kişinin Tecrübesi Olmayacak. Tam Tersine, Sanki Tüm İnsanlıkla Beraber Nefes Alıp Yaşıyor Gibi Olacağız

Doğanın Kanunlarıyla Bütünleşmek toplumsal bilinç üzerine yaratıcı yaklaşımı olan bir kitap. İnsanoğlunun geçirdiği süreç ve realiteye kapsamlı bir bakış sunmaktadır. Kitap geçirdiğimiz kişisel ve sosyal değişim akımları için araçlar sunmaktadır.

Michael Laitman küresel bir düşünür olup, Ontoloji Profesörüdür ve doktorasını Felsefe ve Kabala üzerine tamamlamış, Tıbbi Bio sibernetik konusunda MS diploması vardır. Doğanın Kanunlarıyla Bütünleşmek - Dr. Laitman'ın önde gelen düşünür ve bilim adamları ile yaptığı sohbetlerden hazırlanmıştır.

Dönüş Noktası

Gelişimin tüm önceki aşamalarındaki egoyu terk etmeliyim. Dönüş noktası, çatallaşma noktası, ayrılma, kriz, bugün üzerlerine gideceklerimiz bizleri gerçekten, egomuzu "kıracağımız" ve aşağıda bırakacağımız gerçeğine yönlendirirler. İnsanlık, büyük bir problem ile yüzleşiyor: Ulaştığımız o çok büyük egoyu hissediyor, onunla hayal kırıklığına uğruyor ve onu terk ediyor çünkü buna mecbur bırakıldık. Bu, "kötülüğün tanınması" safhası olarak adlandırılır. Bunun üzerine gitmeliyiz.

Karşılıklı Sorumluluk

Neden dünya nüfusunun %1'i dünya zenginliginin %40'ına sahip? Neden dünyada egitim sistemleri mutsuzluk ve zayıf egitimli çocuklar üretiyor? Neden açlık var? Neden yiyecek fiyatları herkes için yeterli olandan fazla yiyecek varken artıyor? Neden halen insan onuru ve sosyal adaletin olmadığı ülkeler var? Ve bu yanlışlar ne zaman ve nasıl düzeltilecek?

Ortak sorumluluk: Küresel Krizler Çagında Milletlerin Üstündeki Isık, küresellesmenin köklerine, nasıl evrimlendigine, bunun faydalarından nasıl haz alacagımıza ve zararlarından da kaçınacagımıza deginir.

Kendinizi Kurtarın

Dünya Krizinden Nasıl Güçlü Çıkabilirsiniz

Dr. Laitman Ontoloji ve Bilgi Kuramı Profesörüdür, Rusya Bilimler Akademisi, Moskova Felsefe Enstitüsü Felsefe ve Kabala doktora derecesi ve ayrıca St. Petersburg Politeknik Üniversitesi Medical Sibernetik mastır derecesi vardır. Laitman bizi bekleyen inanılmaz mücadeleyi işaret edecek şekilde bu üç uzmanlık alanının tümünü birleştiriyor.

Yeni Dünya Rehberi

Neden Karşılıklı Sorumluluk Küresel Krizi Aşmanın Anahtarı

Neden dünya nüfusunun %1'i zenginliğin %40'ı na sahip? Neden tüm dünyada eğitim sistemleri mutsuz, kötü eğitilmiş çocuklar üretiyor? Neden açlık var? Neden dünyada herkese yetecek kadar yiyecek varken gıda fiyatları artıyor? Neden dünyada hala insan onuru ve sosyal adeletin olmadığı ülkeler var? Bu yanlışlar ne zaman ve nasıl düzeltilecek?

Yeni Ekonominin Faydaları

Ekonomik krizlerin dünyanın en iyi ekonomistlerinin tüm çabalarına rağmen neden sona ermediğini hiç merak ettiğiniz oldu mu? Bunun cevabı bizde, hepimizde yatar. Ekonomi aramızdaki ilişkilerin bir yansımasıdır. Doğal gelişim sonucu, dünya hepimizin birbirine bağımlı olduğu bütünleşmiş ve küreselleşmiş bir köy halini aldı.

Karşılıklı bağımlılık ve küreselleşme dünyanın bir parçasında olan bir şeyin diğer tüm parçalarını da etkileyeceği anlamına gelir. Bunun sonucu olarak, başka parçalar hala hastayken bir parçanın iyileştirilmesi bu parçayı da tekrar hasta edeceği için, küresel krizlerin çözümü tüm dünyayı kapsamak zorundadır.

NOTLARIM

www.ingramcontent.com/pod-product-compliance
Lightning Source LLC
Chambersburg PA
CBHW071438080526
44587CB00014B/1897